Design de couverture : Leslie Lemoine

Conscience et Impact Ecologique
9 avenue Piaton 69100 Villeurbanne

Papier Vert - 97 rue Magenta 69100
Villeurbanne

Mois et année de création et d'édition :
Avril 2020

Date d'achèvement du tirage :
Juin 2020

Dépôt légal : Avril 2020

Pour les nouveaux tirages, indication
de l'année où ils sont effectués : 2020

ISBN : 979-10-699-5023-8

CONSCIENCE & IMPACT ÉCOLOGIQUE

"Le monde ne sera pas détruit par ceux qui font le mal, mais par ceux qui les regardent sans rien faire."

ALBERT EINSTEIN

QUI SOMMES-NOUS ?

Conscience et Impact Écologique est une association d'éducation à l'environnement vers la transition écologique. Notre objectif est de faire de faire de chacun.e de nous des éco-citoyen.ne.s, c'est-à dire des individu.e.s conscient.e.s des enjeux de la crise écologique actuelle mais également des individu.e.s acteur.trice.s de changement.
Nous intervenons dans tout type de structure en proposant des présentations, débats, ateliers pratiques, etc.

CHANGER LE MONDE À SON ÉCHELLE : POURQUOI UN TEL TITRE ?

Pourquoi un tel titre ? Loin de vouloir réduire l'écologie à des "éco-gestes", nous restons persuadé.e.s qu'il ne faut pas sous-estimer les forces transformatrices de l'ensemble des microdécisions que nous prenons au jour le jour. Changer le monde, cela commence donc par porter une attention particulière à tous les gestes de notre quotidien qui nous paraissent anodins et qui pourtant, mis bout à bout, peuvent avoir des impacts environnementaux et sociaux majeurs.

Nos manières de nous vêtir, de nous nourrir, de nous déplacer, etc., ne sont pas sans conséquences sur l'environnement, les animaux et les humains. Derrière chacune des thématiques que nous recensons ici se cachent donc des conséquences potentielles qu'il nous appartient de rendre les plus positives possibles. En tant que consommateur.trice, nous sommes tou.te.s les décideur.euse.s du monde de demain.

A travers ce petit guide, nous vous invitons à métamorphoser pas à pas vos habitudes et à adopter un nouveau style de vie, plus sain, plus écologique et plus éthique. "Changer le monde à son échelle" c'est donc aussi se changer soi-même !

Ce guide étant un catalogue de solutions individuelles, il ne revient pas en détail sur les enjeux écologiques qu'ils sous-entendent. Mais parce qu'on ne veut pas que les "éco-gestes" soient de simples mécanismes, nous vous invitons fortement à consulter les références suggérées dans les onglets "en savoir plus" ou à faire appel à nous pour bénéficier de nos interventions. Encore mieux, vous pouvez nous rejoindre en tant que membre !

SOMMAIRE

S'HABILLER

MEUBLER ET DÉCORER

S'ALIMENTER

PRENDRE SOIN DE SOI

RÉDUIRE SES DÉCHETS

ÉNERGIE ET PÉTROLE

ALLEZ PLUS LOIN

ANNEXES ET CONTACT

© Ricardo Gomez

S'HABILLER DANS LE RESPECT DE L'ENVIRONNEMENT, DES ANIMAUX ET DES HUMAINS

JE LUTTE CONTRE

OGM et pesticides | Faim dans le monde | Pollution de l'environnement | Exploitation des animaux | Exploitation humaine

© Leszek Czerwonka

De la paire de chaussures au sac à dos en passant par la simple chemise, s'habiller autrement peut paraître complexe. On pense tout de suite : abandonner ses grandes marques préférées, passer son temps à chercher des alternatives sur internet, faire une croix sur le plaisir du shopping, être contraint.e de payer très cher pour s'offrir un vêtement vraiment éthique... Pas forcément. Il s'agit d'abord de remettre en question ses habitudes.

Effectivement, nous encourageons ici à acheter moins, mais aussi à acheter mieux. Choisir un vêtement neuf de qualité et résistant, fabriqué dans une matière noble, dont on a vraiment besoin et pour lequel on est prêt.e à mettre le juste prix, c'est un premier pas. Récupérer, échanger, retoucher, réparer, dénicher des vêtements d'occasion, voire les fabriquer soi-même, c'est l'autre côté de la solution. Et finalement, avec quelques concessions, on est gagnant.e aussi bien du côté de l'éthique que du portefeuille !

© Ricardo Gomez Angel

CONSEIL N°01

J'ACHÈTE MADE IN EUROPE

Salaires indécents, travail d'enfants, usage de sub-stances ultra-toxiques pour les ouvrier.e.s, etc. Acheter des vêtements conçus en Europe **garantit des conditions de travail acceptables** et bien meilleures que dans des pays comme le Pakistan ou le Bangladesh. Cela permet aussi de **limiter les émissions de gaz à effet de serre dues aux transports**. Voici quelques marques Made in Europe (et bio) que nous vous recommandons.

"Je n'ai pas accès aux boutiques chez moi et j'ai impérativement besoin d'essayer avant d'acheter !"

Pas d'inquiétude !

L'achat en ligne sur ces sites est tout à fait sécurisé. De plus, si un vêtement ne vous convient pas, vous avez la possibilité de le renvoyer sous 14 jours conformément à la loi[1] et les frais postaux sont à la charge des vendeur.euse.s ! Si cela ne vous suffit pas, rendez-vous au conseil n°5 !

[1] Loi Hamon de 2014, Article L. 121-21 du Code de la Consommation.

VÊTEMENTS DIVERS

Lagentlefactory.com — prêt-à-porter bio, recyclé homme, femme, enfant et Made in France

1083.fr — prêt-à-porter éco-conçus homme et femme, Made in France et éco- conçus

Armor-Lux.fr — prêt-à-porter homme, femme, enfant labellisé bio et commerce équitable Made in France

Madefrance.fr — prêt-à-porter en coton bio homme et femme entièrement fabriqué en France

Bernard-solfin.fr — prêt-à-porter homme et femme et linge de maison Made in France

Coureurdudimanche.com — vêtements de running homme et femme Made in France dont une gamme en plastique recyclé

Naturalworldeco-shop.com — prêt-à-porter et chaussures éco-conçus homme, femme, enfant Made in Spain dont une gamme en matériaux recyclés et une gamme vegan

Elnaturalista.com — prêt-à-porter et chaussures éco-conçus homme, femme, enfant Made in Spain et Marocco dont une gamme vegan, marque engagée sur le plan social

Lavieestbelt.fr — accessoires de mode recyclés, Made in France

Hopaal.com - prêt-porter en fibres recyclées homme et femme Made in Europe

SOUS-VÊTEMENTS

Doyougreen.com — sous-vêtements bio en fibre de pin pour homme et femme tissu Made in France mais assemblage Made in Tunisia

Thefrenchkiss.fr — sous-vêtements homme et femme fabriqués en bambou et coton bio Made in France

Matinsdavril.com - sous-vêtements bio pour jeunes filles et femmes Made in France

Leslipfrancais.fr - sous-vêtements homme et femme Made in France dont des gammes en fibres recyclées

CONSEIL N°02

J'ACHÈTE COMMERCE "ÉQUITABLE"

Il s'agit d'une démarche qui contribue à la réduction des inégalités dans le commerce mondial et qui veille à la juste rétribution de chaque travailleur.euse. Quel que soit le pays de provenance du vêtement, Bangladesh, Inde, pays d'Amérique du Sud ou même France, un label "équitable" informe du caractère éthique des conditions de travail et de rémunération à chaque étape de fabrication et d'acheminement du produit. Il existe beaucoup d'entreprises qui s'engagent dans le commerce équitable tout en proposant des produits composés de matières écologiques.

DIVERS VÊTEMENTS, LINGE, ACCESSOIRES

Ekyog.com (pour femmes uniquement) — prêt-à-porter pour femme, privilégie les fibres à faible impact, a sa propre charte éthique et interdit l'utilisation de substances toxiques pour l'élaboration de ses modèles.

Ethosbio.com — prêt-à-porter homme, femme et linge de maison 100 % biologique et équitable

Filabio.com — prêt-à-porter homme, femme, enfant et linge de maison biologique et issus de filière commerce équitable

Conscience-site.com — prêt-à-porter hommes, femmes, enfant biologique et issus de filière commerce équitable

BOUTIQUES EN LIGNE

Dressingresponsable.com – sélection de marques proposant des vêtements pour femme éco-responsables et Made in France

Modetic.com – sélection de marques proposant des vêtements, chaussures et accessoires homme, femme et enfant Made in France, Europe ou issus du commerce équitable

MARQUES VEGAN

Mattandnat.com – sacs et accessoires de mode vegan en matières recyclées ou écologiques

Veja-store.com – baskets dans un style intemporel, se fournit auprès de producteur.trice.s de commerce équitable. 10 % des modèles sont vegan

© Annie Spratt

CONSEIL N°03

JE SUIS ATTENTIF.VE AUX LABELS

GLOBAL ORGANIC TEXTILE STANDARD

Niveau élevé d'exigence tant sur le plan environnemental que sociétal, sur toutes les étapes de production et de transformation du textile. Le référentiel prévoit deux niveaux de certification : niveau 1 (au moins 95% de fibres bio certifiées), niveau 2 (au moins 70%). C'est le label le plus exigeant qui existe en la matière.

MAX HAVELAAR

Label d'abord réputé pour son engagement dans la filière alimentaire, il existe aussi pour la filière textile. Il garantit que le produit répond aux critères internationaux du commerce équitable et à certaines exigences environnementales (notamment interdiction des produits chimiques dangereux et d'OGM).

ORGANIC CONTENT STANDARD

Label qui n'est pas spécifique au domaine textile mais qui s'y applique car il concerne tous les produits non-alimentaires contenant 5 à 100 % de matière organique. La label OCS 100 s'applique aux articles conçus avec au moins 95 % de matières premières biologiques. **À ne pas confondre avec le label OCS Blended** qui s'applique aux article conçus avec un minimum de 5 % de matières premières biologiques. Ce dernier peut donc concerner des produits contenant des matières premières conventionnelles et/ou synthétiques.

Global organic textile standard

Max Havelaar

Global content standard

Global blended content standard

OEKO-TEX

Il garantit **l'absence de substances nocives dans tous les éléments du produit** (ou alors dans des quantités si infimes que les produits ne représentent aucun danger pour la santé). Il tient compte de la règlementation légale internationale mais aussi des produits chimiques nocifs pour la santé encore non réglementés par la loi.

ECOLABEL

C'est le label officiel de l'Union Européenne. Il s'intéresse à l'impact environnemental du produit tout au long du cycle de vie (de l'extraction de matières premières à la fin de vie en passant par le transport et l'utilisation). Il garantit aussi le respect des travailleur.euse.s.

ECOCERT TEXTILE

Pour bénéficier de ce label, le produit doit contenir au moins 70 % de fibres naturelles **(différent de biologique)** ou issues de matériaux renouvelables ou recyclés. Ecocert impose aussi la réduction de consommation d'eau et d'énergie, interdit l'emploi de substances dangereuses et garantit le respect des principales conventions internationales en matière sociale, d'hygiène et de sécurité au travail.

BETTER COTTON INITIATIVE

Attention, ce label que l'on trouve très souvent est facile à obtenir et **ne garantit pas que votre vêtement soit en coton biologique.** On vous recommande l'émission Cash Investigation "Coton : l'envers de nos tee-shirts" **28/11/2017** accusant ce label d'être une pratique de green washing.

Oeko-Tex

Ecolabel

ecocert textile

Better cotton initiative

CONSEIL N°04

JE PRIVILÉGIE DES MATIÈRES PEU IMPACTANTES SUR LE PLAN ENVIRONNEMENTAL

Le lin et le chanvre

la culture de ces matières premières nécessite moins d'eau et moins d'engrais. Bon point supplémentaire : le lin peut être produit localement, la France étant le premier producteur au monde !

Le coton

Oui mais en quantité raisonnée et bio ! La culture intensive du coton a un impact environnemental énorme. Le désastre écologique de la mer d'Aral, réserve asséchée pour irriguer les cultures cotonnières, en est témoin.

Donnée-clé

2500, c'est environ le nombre de litres d'eau qu'il faut pour produire un tee-shirt en coton de 250 grammes quand le coton est issu de l'agriculture conventionnelle.

Article de Geo.fr du 21/03/2017.
Ces milliers de litres d'eau que l'on consomme sans forcément le savoir.

J'ÉVITE CERTAINES MATIÈRES

Les fibres synthétiques, notamment le polyester, proviennent du pétrole, donc d'une matière fossile non renouvelable, et dont l'extraction et la transformation ont un coût écologique très fort. Ils sont aussi mauvais pour la santé puisqu'ils libèrent des perturbateurs endocriniens au lavage.

La viscose (soie artificielle) et la lyocell (fibre produite à partir de pulpes de bois) sont souvent présentées comme des alternatives durables au coton et au polyester mais en réalité elles se dégradent mal et demandent, pour être produites, beaucoup de produits chimiques, dangereux pour les populations vivant aux alentours des usines.

À VOUS DE VOIR

Les matières animales (laines, fourrures, soie de vers, cuir...) proviennent trop souvent d'élevages intensifs, dont il n'est plus nécessaire de rappeler les horreurs et l'impact environnemental. Les labels biologiques et commerce équitable sont de bons guides, mais ne peuvent parfois pas suffire à s'assurer du bon traitement des animaux. Pour la laine, il existe le label Woolmark qui garantit que la laine provient d'animaux sains et vivants. Toutefois, même biologique, la production de laine reste également très gourmande en ressources (eau, terres...), donc à recommander avec modération. On peut aussi trouver en France des élevages d'alpagas et de mohairs respectueux du bien-être animal. À voir par exemple : elevage-alpaga.com

LE TRUC EN PLUS

J'achète mon jean non délavé : pour obtenir un effet délavé, on a recours à la technique du sablage, qui consiste à propulser du sable à haute pression sur le tissu. Cette poussière provoque, en cas d'exposition prolongée, la silicose, maladie pulmonaire incurable et mortelle.

CONSEIL N°05

J'ACHÈTE DES VÊTEMENTS DE "SECONDE MAIN"

Les vêtements d'occasion ont d'ores et déjà été vendus, un bénéfice a déjà été réalisé pour la production de ceux-ci. Ainsi, peu importe ce qu'ils deviennent, le processus de fabrication dont ils sont issus a déjà été encouragé. De ce fait, il est dans l'intérêt de tous de les valoriser autant que possible plutôt que d'acheter des équivalents neufs, peu importe la marque ou même le lieu de fabrication. Cela permet à la fois d'éviter le gaspillage, de ne pas s'exposer aux produits toxiques (car les vêtements ont déjà été lavés) et de faire de bonnes affaires !

© Daviles

LES FRIPERIES

Ce type de commerce s'est largement répandu depuis une quinzaine d'année, et ce dans les villes de toutes tailles, avec des styles de magasins très divers. Elles ont en commun le goût de proposer des vêtements d'occasion à un état très proche du neuf.

LES SITES SPÉCIALISÉS

Vinted.fr
Le-vide-dressing.com
Leboncoin.fr
Labelemmaus.fr
Trocvestiaire.com
Riendeneuf.org

Ces solutions sont à mettre en relation avec **la vente, le don ou même l'échange de vos propres vêtements devenus inutiles et traînant dans vos placards.**
Effectivement, il s'agit alors de ressources non valorisées. Nous vous encourageons donc à les vendre dans des friperies, sur des sites spécialisés comme ceux que nous proposons ou tout simplement les donner à des associations telles qu'Emmaüs..

Vous pouvez aussi consulter ce site :
www.lafibredutri.fr
(plateforme numérique recensant les lieux d'apports volontaires pour la collecte des déchets textiles). **Enfin, pour trouver une boîte à dons près de chez vous :**
www.lerelais.org

Enfin, si vous préférez, **l'association Conscience & Impact Ecologique** peut jouer le rôle d'intérmédiaire en récupérant les vêtements dont vous n'avez plus l'usage ou simplement vous conseiller sur les acteur.trice.s à valoriser sur votre territoire dans le domaine de la solidarité. CIE organise également des Gratiférias tout au long de l'année (voir chapitre déchets, conseil n°5).

L'ASTUCE "SLOW"

Un des grands principes de la "slow fashion" est d'acheter des vêtements sobres et intemporels, ce qui permet de ne pas racheter des vêtements différents tous les ans et ne pas céder aux tentations de la "fast fashion" qui nous pousse à surconsommer, en proposant à bas coût et dans des quantités limitées 4 à 6 nouvelles collections tous les ans.

© Dan Gold

JE PRENDS SOIN DE MES VÊTEMENTS

L'impact environnemental d'un vêtement ne concerne pas que sa fabrication. La phase d'utilisation n'est pas sans conséquences sur la planète : On sait que non seulement le lavage, le séchage et le repassage demandent beaucoup d'eau et d'énergie mais aussi que le lavage libère des particules toxiques qui finissent dans les océans... Voici quelques conseils pour réduire cet impact et faire en sorte que nos vêtements durent plus longtemps.

Je lave moins souvent, ce n'est pas l'idée la plus engageante à priori, mais elle permet de préserver les tissus et de moins consommer d'eau. Ce conseil s'applique particulièrement aux jeans et aux pulls : ce n'est pas nécessaire de les laver entièrement à chaque fois qu'on les a portés, nettoyer localement une petite tache est plus rapide, et les aérer suffit souvent a enlever d'éventuelles odeurs.

J'achète une lessive respectueuse de l'environnement et de ma santé, seules quelques marques sont valables en la matière : l'Arbre Vert, Rainett et les lessives des épiceries bio.

Je lave à 30° et je sèche à l'air libre, le sèche-linge consomme beaucoup d'énergie et détériore les vêtements.

Je répare mes vêtements : faire durer ses vêtements, chaussures et autres sacs est également un aspect essentiel d'un comportement respectueux de l'environnement, des humains et des animaux. En outre, la réparation est bien souvent tout à fait pertinente d'un point de vue économique. Rendez-vous chez votre couturier.e et votre cordonnier.e ! Ou dans un Repair Café, ou chez vous, avec vos idées ! Les innombrables tutoriels disponibles sur Internet. Vous pouvez consulter ces chaînes YouTube : Couture débutant & Oh et puis et Elsa Couture. Apprenez aussi à tranformer vos vieux vêtements. Vous pouvez, par exemple, transformer un vieux jean en sac à main ! Vous pouvez également vous référer à cette chaîne YouTube : L'atelier Crazy by Nath.

CONSEIL N°07

JE BOYCOTTE LES ENSEIGNES DE LA FAST FASHION

La fast fashion est une expression anglo-saxonne utilisée pour désigner le renouvellement, le plus rapide possible, des collections d'articles de la mode vestimentaire. Comment reconnaitre une enseigne qui pratique la fast fashion ? Elle propose des vêtements à bas prix, les vêtements sont conçus en dehors de l'UE et/ou dans des pays où le coût de la main d'oeuvre est faible, ses collections sont sans cesse renouvelées (4 à 6 collections par an) dans des quantités massives, et son public consommateur est très large.

© William Daigneault

Bien évidemment, nous vous déconseillons fortement d'acheter aux enseignes qui ont ce type de tactiques commerciales, celles-ci étant régulièrement dénoncées pour leurs conséquences humaines et écologiques désastreuses. Ce petit florilège d'articles, que nous vous invitons à consulter sur Internet en est la preuve :

"Mode, les désastres écologiques de la "fast fashion"
La Croix, 08/01/2019

"Soldes : comment la "fast fashion" menace l'environnement"
Le Point, 09/01/2019

"H&M, Zara, Topshop : la "fast fashion", un fléau écologique"
Courrier International, 13/10/2016

DO IT YOURSELF | LESSIVE

Je fais ma propre lessive

Matériel nécessaire pour un bidon de 2L

Temps de repos

2 heures

Ingrédients

• 50 grammes de savon de Marseille ou d'Alep (sans huile de palme)
• 60 grammes ou 3 cuillères à soupe de bicarbonate de soude
• 40 grammes ou 2 cuillères à soupe de cristaux de soude
• 20 grammes ou 1 cuillères à soupe de vinaigre blanc
• Une dizaine de gouttes d'huile essentielle de lavande ou de citron

Préparation

Faire fondre le savon préalablement râpé dans 2L d'eau chaude. Ajouter le bicarbonate de soude, les cristaux de soude et le vinaigre blanc. Laisser refroidir 2h et ajouter l'huile essentielle ou la fragrance à froid.

Important

Le mélange bicarbonate et vinaigre mousse beaucoup.

EN SAVOIR PLUS SUR L'INDUSTRIE TEXTILE ET SES CONSÉQUENCES

OUVRAGES

Pesticides — Fabrice Nicolino, Édition Fayard, 2011

Une mode éthique est-elle possible ?
Madjouline Sbai, édition Rue Echiquier, 2018

Les aventures d'un tee-shirt dans l'économie globalisée — Pietra Rivoli, édition Fayard, 2007

Mode, textile et mondialisation
Dominique Jacomet, Economica, 2006

VIDÉOS

Reportage BFMTV "Bangladesh, morts pour nos habits ?"
Disponible sur Youtube

"L'industrie textile du coton, des impacts à tous les niveaux"
Du 26/03/2018 — Natura Science

Enquête Cash "Toxic fringues"
Investigation du 18/05/2012
Disponible sur YouTube

ARTICLES

"L'enfer Primark"
www.boutique2mode.com

"Moi Chantan, ouvrière textile au Cambodge, 12 heures par jour, 6 jours sur 7, sans congés..."
www.liberation.fr

MEUBLER ET DÉCORER SANS DÉGRADER L'ENVIRONNEMENT

© _x, Unsplash

CONSEIL N°01

JE ME FOURNIS CHEZ LES MARQUES RESPECTUEUSES DE L'ENVIRONNEMENT

Dans le domaine de l'ameublement, il existe également des entreprises proposant des produits issus de matériaux durables et fabriqués en France. Pas un des premiers sujets évoqués quand on parle d'écologie, la manière dont on meuble et dont on décore son domicile peut pourtant avoir des impacts immenses sur l'environnement : pollution des eaux, déforestation, dommages sur la santé, etc. Petit tour d'horizon des différents moyens de **concilier bien-être chez soi et respect de la nature** et de l'humain.

Une marque à éviter à tout prix : **IKEA** qui est régulièrement accusée de participer massivement à la déforestation en Roumanie pour ses meubles, de pratiquer le dumping social, et d'avoir massivement recours à l'optimisation fiscale.

JE LUTTE CONTRE

Déforestation — Pollution de l'environnement — Exploitation humaine

Donnée clé

L'air intérieur, que nous respirons 80% du temps, est en moyenne 8 fois plus pollué que l'air extérieur... Les fautifs ? Les nombreux objets du quotidien (plastiques, bois agglomérés, peintures...) qui dégagent en permanence des substances chimiques, des gaz, des perturbateurs endocriniens ou des composés organiques volatils (COV) et le manque de ventilation de nos logements. *Source : L'air intérieur 8 fois plus pollué que l'air extérieur* ! *l'Obs article du 26/04/2013*

© Jahongir Ismoilov

MOBILIER EXTÉRIEUR

Fermob – Mobilier, Luminaires et Accessoires, www.fermob.com

LITERIE

Couleur coton, literie au naturel Fabrication artisanale et produits écoresponsables et biologiques www.matelaslatexnaturelbio.com

CUISINE ET USTENSILES EN TOUS GENRES

Le Creuset – Ustensiles de cuisson et accessoires pour le vin www.lecreuset.fr

Ekobo home – Objets respectueux de l'environnement, www.by-ekobo.com

AMEUBLEMENT GÉNÉRAL

Mobalpa Cuisines & Rangements Aménagements sur-mesure www.mobalpa.fr

Ônature, magasin de la déco et du mobilier écologique www.onatureshop.com

CONSEIL N°02

POUR MES MEUBLES EN BOIS, JE PRIVILÉGIE LES ESSENCES EUROPÉENNES

Deux critères sont à prendre en compte quand vous achetez un meuble en bois :

Je privilégie du bois "Made in Europe"
cela permet d'éviter tout à la fois les pollutions dues aux transports et de participer à la déforestation de forêts primaires menacées ainsi qu'à la disparition d'essences tropicales en voie d'extinction.

J'achète du bois issu de forêts gérées de manière responsable. Deux labels existent en la matière :

- FSC : label qui garantit une gestion forestière écologiquement soutenable. Il inclut aussi dans sa charte des exigences quant aux conditions de travail et, quand cela est nécessaire, elle tient compte des droits des populations autochtones. Cependant, Greenpeace a récemment décidé de ne plus être membre du FSC, estimant que sa mise en oeuvre est trop faible dans certaines régions[2].

- PEFC : label prenant en compte non seulement la gestion des forêts mais aussi le processus de fabrication et de commercialisation.

Donnée clé

60 %, c'est le pourcentage d'animaux sauvages vertébrés qui ont disparu en 40 ans. La cause principale ? La déforestation.

[2]"Changement d'adhésion de Greenpeace International au FSC", Greenpeace, mars 2018.

J'ACHÈTE DES MEUBLES D'OCCASION

Cela permet d'éviter que ces meubles deviennent des déchets, et de consommer des ressources en achetant du neuf. En plus, c'est moins cher et vous pouvez tomber sur des pépites introuvables dans les magasins de neuf !

CONSEIL N°03

© Julien-Pier Belanger

J'EXPLORE LES BROCANTES ET LES VIDES-GRENIERS

Ce type d'événements est largement répandu aujourd'hui et vous permet de trouver de nombreux objets à moindre coût. Trouver un événement près de chez vous :

vide-greniers.org
info-brocantes.com
brocorama.com

JE FOUILLE SUR LES SITES SPÉCIALISÉS

leboncoin.fr
troc.com
paruvendu.fr
mymobilier.fr
selency.fr

CONSEIL N°04

JE DONNE UNE SECONDE VIE À MON MOBILIER

En ce qui concerne les vieux meubles en bon état que vous possédez mais dont vous souhaitez vous séparer, plusieurs solutions s'offrent à vous avant de les envoyer à la déchetterie :

© Mitchell Gaiser

DO IT YOURSELF

Un sapin de Noël avec vos livres
Plutôt que d'acheter un sapin en plastique ou naturel, vous pouvez empiler les livres de votre bibliothèque de façon à former un sapin. Quelques guirlandes, quelques boules de Noël, une étoile et le tour est joué !

1 Sonder ses proches (familles, ami.e.s) pour proposer son vieux mobilier.

2 Donner à des associations. Par exemple : Emmaüs, Secours Populaire, Notre Dame des Sans-Abris...

3 Donner à des particulier.e.s sur les sites suivants : donnons.org, recupe.fr, recupe.net.

4 Vendre à des particulier.e.s sur tous les sites spécialisés indiqués à la page précédente.

5 Si vous ne trouvez pas à donner/ vendre vos meubles trop abîmés, il ne faut évidemment pas vous en débarrasser n'importe où : abandon au bord d'une route, sur un chantier, dans les poubelles pour ordures ménagères, etc. Outre l'amende qui peut s'élever jusqu'à 1 500 euros, cela entraine une perte de matières premières et de la pollution. Vous pouvez vous rendre plutôt à la déchetterie la plus proche de chez vous ou profiter du service encombrant mis en place dans votre ville. Pour ce dernier, on ne le trouve en général que dans les grandes villes. Pour savoir s'il existe et connaitre son mode de fonctionnement, contactez votre mairie.

Notez que les quatre premiers conseils s'appliquent aussi à votre vaisselle et divers objets de décoration qui vous encombrent.

L'ASTUCE "SLOW"

La méthode "BISOU". Mise au point par Marie Duboin Lefèvre et Herveline Verdeken dans leur ouvrage *J'arrête de surconsommer* c'est un moyen mémotechnique pour se souvenir de cinq questions à se poser avant d'acheter :

Besoin : à quel besoin cet achat répond-il ?
Immédiat : dois-je l'acheter immédiatement ?
Semblable : ai-je déjà un objet qui a la même utilité ?
Origine : quel est l'origine de ce produit ?
Utilité : cet objet va-t-il m'apporter un confort primordial ?

Une bonne technique pour lutter contre les achats impulsifs de mobiliers ou d'objets déco !

CONSEIL N°05

JE CHOISIS DES PEINTURES RESPECTUEUSES DE L'ENVIRONNEMENT ET DE MA SANTÉ

L'air intérieur étant en moyenne 8 fois plus pollué que l'air extérieur. Ceci est entre autre du à nos produits de nettoyage mais aussi aux produits contenus dans les peintures de nos murs et meubles, ainsi que les relargages de particules de bois aglomérées. Les peintures, particulièrement, émettent des composés organiques volatiles (COV) qui ont des impacts sur notre santé et celle de la planète ! Puisque la pollution nous touche aussi par inhalation, comment choisir les bonnes peintures pour rendre nos maisons plus belles, plus saines et plus respectueuses de l'environnement ?

© Brina Blum

JE ME RÉFÈRE AUX LABELS

CONSEIL N°06

ECOCERT PEINTURES ET REVÊTEMENTS

Certifie que le produit contient au minimum 95 % de produits d'origine naturelle. Comprend aussi des critères quant aux émissions de composés organiques volatiles (COV).

L'ANGE BLEU

Plus ancien label en matière environnementale, il s'intéresse à tous les produits hors alimentation et industrie pharmaceutique. Il possède un cahier des charges très strict en ce qui concerne la protection de l'environnement, la protection de la santé et la sécurité d'utilisation. J'achète aux bonnes enseignes : une fois de plus nous ne prétendons pas ici être exhaustif. ve.s et restons ouvert.e.s à toutes vos suggestions ! Bien entendu, nous vous conseillons également d'être attentif.ve.s aux quantités achetées, pour éviter le gaspillage.

LE TRUC EN PLUS

Ne surtout pas, après utilisation, rejeter les produits dans l'eau (évier, égoûts, toilettes).

Ils sont extrêment polluants, surtout quand ils contiennent beaucoup de produits pétrochimiques et sont très difficiles, voir impossibles à éliminer, même en station d'épuration. Tous les fonds de pot, solvants, produits chimiques doivent être apportés en déchetterie afin d'être traités par des organismes spécialisés. Même chose pour les écailles de peinture quand on retire des couches de peintures anciennes.

La Maison Naturelle

Éco-Logis

L'ange Bleu

Ecocert Peinture et Revêtement

EN SAVOIR PLUS

OUVRAGES

Ikea, un modèle à démonter,
Bailli, Caudron et Lambert, éditions Renaissance du livre, 2006

Nos maisons nous empoisonnent,
George Méar, ed. Terre Vivante, 2003

Comment j'ai arrêté de CONsommer,
Reportage "Envoyé spécial" :
Les meubles des grandes enseignes sont-ils dangereux pour la santé ?
Frédéric Mars, ed. Pocket, 2015
www.larevolutiondestortues.fr (blog)

ARTICLES

"La déforestation, causes et conséquences",
www.notre-planete.info

VIDÉOS

Enquête Cash Investigation
« Razzia sur le bois »
Du 24/07/2017 disponible sur YouTube

« Maison-poison, quand nos intérieurs nous polluent »
Reportage de Meriem Lay France 5, 2012, disponible sur YouTube

S'ALIMENTER DIFFÉREMMENT POUR MON ENVIRONNEMENT, MA SANTÉ ET CELLE DES AUTRES

JE LUTTE CONTRE

OGM et pesticides | Faim dans le monde | Pollution de l'environnement | Exploitation des animaux | Exploitation humaine | Déforestation

Vaste sujet qu'est celui de l'alimentation. Nous le reconnaissons, c'est peut-être celui où il est le plus difficile de faire évoluer ses habitudes, mais c'est aussi un de ceux où cela est le plus nécessaire. Si nous voulons changer le monde, il faudra aussi changer ce qu'il y a dans notre assiette, voici quelques conseils pour entamer sa transition alimentaire.

© Dima Sidelnikov

© Brenda Godinez

CONSEIL N°01

JE MANGE MOINS DE PROTÉINES ANIMALES

L'évolution incontournable de notre alimentation doit être le remplacement progressif des protéines animales par des protéines végétales. Il s'agit donc de la réduction, **voire l'arrêt**, de la consommation de viandes, de poissons, d'œufs et de produits laitiers. En effet, l'élevage industriel (que ce soit pour la viande et le poisson) pollue l'air, l'eau, les sols. Il est responsable de déforestation, du gavage aux OGM et aux antibiotiques des animaux dans les élevages. Seulement, à elle seule la culture de soja OGM (servant à nourrir les animaux d'élevage) pollue déjà fortement les terres, les eaux, les sols...

Le sujet est suffisamment épineux et nous ne souhaitons imposer à personne un régime végétalien ou même végétarien. Cependant, nous pensons que, même individuellement, nous avons tous tout à gagner à réduire progressivement notre consommation de protéines animales.

Voici donc une chronologie relatant la transition alimentaire "classique" de quelqu'un qui souhaite manger moins de produits animaux.

PROPOSITION DE MÉTHODE POUR FAIRE ÉVOLUER SON ALIMENTATION

Début de l'initiative	Se fixer un objectif de consommation. Exemple : 1 jour sur 2 sans viande ni poisson
+ 1 mois	Faire évoluer son objectif. Exemple : 3 jours sur 4 sans viande ni poisson
+ 3 mois	Poursuivre cette évolution. Exemple : 1 viande/poisson par semaine
+ 6 mois	Après 6 mois d'expérimentation vous serez capable de savoir si vous vous sentez à l'aise avec cette nouvelle alimentation. Vous avez alors la possibilité de faire évoluer votre régime en fonction de vos envies : devenir végétarien.ne.s ou rester sur un équilibre alimentaire qui vous convient en vous rapprochant davantage du flexitarisme.
+ X mois / an	Au fur et à mesure des mois et des années qui suivent, beaucoup s'attaquent ensuite aux produits animaux : fromages, lait, œufs.

© Gabriel Gurrola

J'ACHÈTE DES OEUFS AVEC LA MENTION "0-FR-XXXX"

0 désigne l'élevage biologique et en plein air. FR signifie que la provenance est française. Les autres numéros sont à éviter :
1 - élevage en plein air mais non bio.
2 -élevage en hangar.
3 - élevage en cage et en hangar.

Méfiance aussi face à certaines stratégies commerciales qui ne garantissent en rien la réalité de l'élevage : un beau panier avec de la paille, des oeufs datés ou avec la mention "extra frais". Seul le code présent sur l'oeuf permet d'être certain.e de son origine et de son mode de production !

L'ASTUCE "SLOW"

Il est essentiel d'avoir conscience qu'il ne s'agit ici que d'indications. Le plus important reste de faire évoluer son alimentation selon son ressenti car se forcer est généralement contre-productif par manque d'informations sur les alternatives végétales. De plus, sans une véritable volonté, le retour en arrière est inévitable. En attendant, voici quelques conseils pour limiter son impact.

Il existe certains labels "pêche durable" ainsi que, de même pour la viande, mais ils sont souvent critiqués pour leur laxisme, à juste titre selon nous. Le plus fiable en la matière reste le label officiel AB. On vous donne aussi quelques recommandations pour choisir vos produits d'origine animale :

• Faire fonctionner les circuits courts.

• Se référer au guide de consommation des poissons sur le site de l'ONG WWF qui permet de repérer les espèces dans les espèces à favoriser et celles à éviter : www.consoguidepoisson.fr/wwf

• Privilégier certaines méthodes de pêche qui ont un faible impact. Cela est simple à vérifier car la mention de la méthode de pêche est obligatoire en France. Les méthodes à privilégier sont les suivantes : senne sur banc libre/ligne de traine et à main/les casiers. *Rendez-vous à l'annexe 2 pour plus d'informations.*

Donnée clé

70 %, c'est le pourcentage de la surface agricole mondiale destinée au pâturage du bétail et à la production de céréales et de légumineuses afin de les nourrir.
"*Avant d'être cancérigène, la viande est polluante pour la planète*" *29/11/2015 Le Monde.*

Par quoi remplacer les protéines animales?

Il convient tout d'abord de préciser que le régime du/de la français.e moyen.ne est généralement trop protéiné. Dans tous les cas, il existe des aliments issus du végétal qui contiennent tous les nutriments nécessaires au bon fonctionnement du corps humain, sans carrence , il est important d'être conscient.e, l'important étant bien sûr de varier les plats. Cette liste n'est bien sûr pas exhaustive mais il est important d'être conscient que si vous n'aimez pas une sorte de riz, de crème, de céréale, vous aimerez sans doute les autres variétés.

L'alimentation végétale est bien plus riche et diversifiée que l'alimentation carnée. Effectivement, pour ce qui est de l'exemple des lentilles, il existe les vertes, les noires ou encore les corail pour ne citer que les plus connues. *Plus d'informations rendez-vous à l'annexe 3.*

© Edgar Castrejon

VIANDE I POISSON I OEUF

Légumineuses
Céréales
Graines
Fruits secs

CRÈME FRAÎCHE

Crème d'amande
Crème de soja
Crème de riz
Crème d'avoine

LAIT

Lait d'amande
Lait de soja
Lait de riz
Lait de noisette
Lait de châtaigne

Nous n'avons pas ici évoqué le fromage. Pourtant, ce qu'on appelle les faux-mages ou fromages végétaux se démocratisent, notamment pour les tartinades. Ils sont 100% issus du monde végétal. Le goût est agréablement proche du fromage, aliment dont beaucoup d'entre nous estiment ne pas pouvoir se passer !

HOUMMOUS

Deux recettes avec une boîte de pois chiches !

Temps de préparation : 10 minutes

Ingrédients

- 1 boîte de pois chiches (environ 500 grammes)
- Jus de deux citrons
- 100 mL d'huile d'olive
- 4 gousses d'ail
- 1 brin de menthe fraiche hachée

1. Bien égoutter et rincer les pois chiches. Important : mettre de côté l'eau des pois chiches. Mixer les pois chiches.

2. En cours de mixage, verser le jus de citron puis l'huile d'olive. Mixer jusqu'à l'obtention d'une préparation lisse et homogène.

3. Éplucher l'ail et le piler. Laisser reposer l'ail 5 minutes et l'incorporer à la préparation.

4. Saupoudrer de menthe hachée et déguster avec du pain ou des légumes crus !

© Anastasia Collection

MOUSSE AU CHOCOLAT

Temps de préparation 10 minutes

Ingrédients

• 150 grammes d'eau de pois chiches
• 160 grammes de chocolat noir pâtissier (on vous recommande entre 50 et 70% de cacao)
• Une cuillère à café de sucre complet (optionnelle)

1. Battre au fouet l'eau de pois chiches pour les faire monter comme des blancs en neige.

2. Pendant ce temps, faire fondre le chocolat au bain-marie. Lorsque le jus de pois chiche est bien monté, incorporer délicatement le chocolat fondu.

3. Placer la mousse au chocolat au réfrigirateur entre 30 minutes et 2 heures, jusqu'à ce que la mousse soit bien ferme.

EN SAVOIR PLUS

PLEIN D'AUTRES RECETTES ASTUCIEUSES SUR LES SITES SUIVANTS

Pankaj-blog.com
Lesrecettesdejuliette.fr
Auvertaveclili.fr
Vegan-pratique.fr

Si vous cherchez un restaurant vegan ou végétarien, vous pouvez consulter les annuaires numériques suivant :

Vegetarisme.fr – dans l'onglet "végéquotidien" se trouve un végétannuaire.
Vegoresto.fr – pour trouver un restaurant vegan.

Vous trouverez aussi d'innombrables idées de recettes végétariennes et véganes sur YouTube.

ASTUCE

Pour réduire l'impact carbone du visionnage de vos vidéos sur cette plateforme, pensez à réduire la résolution de l'image.

© Brooke Lark

J'ÉVITE L'HUILE DE PALME

On associe souvent huile de palme et déforestation. Il faut aussi savoir que la culture de palmeraies entraîne des expropriations de populations indigènes et que consommer trop d'huile de palme est nocif pour la santé. Pas de chance on la retrouve dans beaucoup de nos produits quotidiens et pas seulement alimentaires : les biscuits, les confiseries, les apéritifs alimentaires, les cosmétiques, dentifirices, crèmes hydratantes et les produits ménagers.

Pas forcément facile à repérer, **on peut la détecter en cherchant les mentions suivantes dans la liste des ingredients**, assez barbares pour la plupart : huile de palme, palmate, palm acid, sodium palmate, sodium palm kernelate, elaesis guineensis, palm kernel, zinc palmitate, alcool de palmitate, palm stéarine, glycol palmitate. Plus pervers, elle peut simplement être mentionnée sous l'appellation "huile végétale" ou "matière grasse végétale" (MGV).

PEUT-ON FAIRE CONFIANCE AUX LABELS "HUILE DE PALME DURABLE ?"

© Lisa Kessler

RSPO

Récemment, Amnesty International a révélé que des plantations du groupe Wilmar certifiées RSPO produisaient de l'huile de palme à l'aide de travail des enfants et de travail forcé[3]. On vous le déconseille donc fortement, bien que récemment, de nouveaux critères, plus stricts, ont été adoptés.

GREENPALM

Pour afficher ce logo, il suffit pour une entreprise de l'acheter à des entreprises qui ont produit de l'huile de palme selon les critères RSPO. Attention donc : le produit cacheté "Green Palm" signifie simplement que la marque finance des producteurs d'huile "durable". L'huile de palme contenue dans le produit peut donc provenir d'un mode de production conventionnel.

L'huile de palme reste malgré tout encore difficile à éviter totalement dans les produits industriels. C'est pourquoi nous vous incitons à avoir recours au maximum au DIY et au fait-maison.

RSPO

GreenPalm

[3]Huile de palme : travail des enfants et travail forcé , Amnesty International, 30 novembre 2016.

CONSEIL N°03

JE CONSOMME "BIO"

La part de l'agriculture biologique en France ne peut pas augmenter si la consommation ne suit pas. Le bio préserve activement l'environnement et respecte la biodiversité.

© Brooke Lark

Sa consommation est donc un acte militant : on vote pour la façon dont on souhaite produire notre nourriture. A cela s'ajoute un aspect sanitaire fort : le lien entre maladies dégénératives et exposition aux pesticides a été établit par l'OMS[4].

Beaucoup de marques aiment jouer sur les labels et sur les mots "produit naturel", "protège l'environnement", etc.

[4]Pesticides : des substances toxiques, invisibles et omniprésentes article du 03/02/2016 parut dans Le Monde

JE ME RÉFÈRE AUX BONS LABELS

LABEL AGRICULTURE BIOLOGIQUE

Label officiel français, sérieux mais a perdu de son niveau d'exigence en s'alignant récemment sur les règlementations européennes (logo à droite). Il faut cependant noter que 95 %, au moins, des composants du produit doivent être issus de l'agriculture biologique.

DEMETER

Les produits Demeter satisfont aux exigences du règlement européen sur l'agriculture biologique et, en plus, répondent au cahier des charges spécifique de la biodynamie. La charte Demeter est particulièrement attentive aux soins apportés aux animaux.

NATURE & PROGRÈS

Tout comme le label Demeter, la charte Nature & Progrès va plus loin que le label officiel AB, et prend notamment en compte le bien-être animal. C'est un label participatif où chaque installation labélisée participe au contrôle d'autres installations.

BIO COHÉRENCE

Label qui reprend le cahier des charges européen en y adjoignant l'ancienne réglementation française, plus contraignante, et quelques règles supplémentaires.

Label Agriculture Biologique

Agriculture Biologique

Demeter

Bio Cohérence

Nature et Progrès

JE NE ME RÉFÈRE PAS À CES LABELS

AGRICONFIANCE

Ce label ne garantit que la traçabilité du produit (Made in France) et prône une agriculture raisonnée, à nos yeux trop modeste, entre le biologique et le conventionnel.

ZÉRO RÉSIDU DE PESTICIDES

Label très récent qui garantit l'absence de résidu de pesticides mais pas l'absence d'utilisation. Le produit affichant ce logo n'est donc pas nécessairement issu de l'agriculture biologique.

ET LES LABELS "COMMERCE ÉQUITABLE" DANS TOUT ÇA?

Nous ne revenons pas sur le label Max Havelaar (voir p. 20). Précisons ici qu'il existe aussi deux autres logos du label :

La flèche à côté du logo signifie que seul un certain pourcentage du produit (au moins 20 % du total des ingrédients) est certifié FairTrade. Le pourcentage est normalement indiqué au dos de l'emballage du produit.

Le logo blanc certifie uniquement l'ingrédient indiqué dans la branche à droite du logo et non le produit. Le logo donné en exemple signifie que dans le produit, seul le cacao est issu du commerce équitable Max Havelaar.

BIOPARTENAIRE

En terme de bio, la charte suit les règles du label officiel AB. L'originalité de ce label est qu'il impose des règles de commerce équitable pour le "Made in France" : assurer un revenu juste aux producteur.trice.s, des contrats durables, favoriser le développement de filières locales, etc.

PRODUCTEUR.TRICE.S PAYSAN.NE.S

Label créé en réaction à l'ouverture en 2006 de Max Havelaar aux multinationales et revendique donc une démarche beaucoup plus respectueuse de l'essence du commerce équitable : réservé seulement aux petits producteurs, une exportation et commercialisation gérées par les producteurs eux-mêmes, etc.

BioPartenaire

Producteurs Paysans

© Markus Spiske

CONSEIL N°04

JE PRIVILÉGIE LES CIRCUITS COURTS

On parle généralement de circuit-court quand on achète directement au ou à la producteur. trice ou quand il n'y a qu'un seul intermédiaire. Quand à la distance d'acheminement, elle est limitée à un rayon de 250 kilomètres maximum. Favoriser l'agriculture locale a des avantages innombrables. Sur le plan environnemental, cela permet de réduire la pollution émise par les transports et les déchets causés par les emballages et le gaspillage. En effet, le transport et le stockage peuvent engendrer beaucoup de pertes. Mais on ne s'arrête pas là ! Cela permet d'améliorer l'économie locale et de reconnecter le consommateur et l'agriculteur.

© Roman Synkevych

LE TRUC EN PLUS :

Je mange des fruits et légumes de saison : moins de carburant et moins de pesticide, donc meilleur pour l'environnement et pour notre santé, puisque les légumes de saison ont plus de goût et plus de vitamines ! Nous vous renvoyons au tableau présent en annexe.

© Dragana 911

C'est un système qui se démocratise de plus en plus et il y a de fortes chances qu'il existe un circuit court près de chez vous ! Voici quelques sites pour devenir un "locavore" :

Laruchequiditoui.fr
Locavores.fr
Bienvenue-a-la-ferme.com
Mon-panier-bio.com
Reseau-amap.org

Vous tenez à votre thé, café, votre rhum et autre produits non-locaux ? Fournissez-vous ici de façon éco-responsable : towt.eu

Attention, il est bien évident qu'il ne s'agit pas pour nous de vous pousser à ne consommer que "local". Certaines denrées de notre quotidien (thé et café pour ne citer qu'eux) doivent être importées. Dans ce cas mieux vaut acheter commerce équitable et/ou bio.

Quoiqu'il en soit, l'idéal est de diminuer notre consommation de ces produits d'exports qui mobilisent beaucoup de terres arrables. Vous pouvez souvent les remplacer par des produits locaux : le café par la chicoré et le thé par des tisanes de sauge, par exemple !

© Louis Hansel

CONSEIL N°05

JE PRATIQUE
LE BOYCOTT

Quand on parle de solutions face aux enjeux de société liés à l'alimentation, il faut avoir à l'esprit que le boycott est bien souvent au centre des initiatives à prendre.

Effectivement, que l'on parle d'OGM, de maltraitance, de produits trop sucrés, d'aspartame ou encore de colorants artificiels, ce sont bien souvent les mêmes marques (et surtout les mêmes groupes) qui sont à l'origine de ces problèmes. Ainsi, si vous cherchez à boycotter les OGM, vous boycotterez souvent l'huile de palme, l'aspartame et bien d'autres ingrédients en même temps.

En outre, les groupes dont nous parlons ici ont d'**importants lobbies** notamment à Bruxelles. Ils usent de toute leur influence pour l'oligarchie et non pas la démocratie en favorisant l'élaboration de lois leur permettant de développer leurs entreprises ou en empêchant les demandes populaires d'aboutir. Qu'il s'agisse, par exemple, d'interdiction de certains ingrédients ou de subventions pour le développement de l'agriculture biologique.

Nous vous renvoyons à notre annexe 1 où vous trouverez des tableaux recensant les grands groupes à éviter.

L'ASTUCE "SLOW"

J'évite les grandes marques de fast-foods ! Elles sont à l'origine de la nourriture la moins éthique qui puisse exister aussi bien en termes d'impacts environnementaux que de traitement des animaux et des humains. *Pour plus d'informations, rendez-vous en annexe 1.*

© Philipp Cordts

J'APPRENDS À REPÉRER LES OGM

L'ensemble des grandes marques agro-alimentaires utilisent des OGM pour leurs produits. Le plus répandu est la lécithine de soja que l'on peut facilement repérer dans la liste des ingrédients. Si vous souhaitez connaitre la liste complète des marques ayant recours à des OGM pour leurs produits, il existe un guide particulièrement complet réalisé par Green Peace. Vous pouvez le consulter à cette adresse :

www.greenpeace.fr/guide-produits-ogm

Beaucoup de marques aiment jouer sur les labels et sur les mots "produit naturel", "protège l'environnement", etc.

EN SAVOIR PLUS SUR L'INDUSTRIE ALIMENTAIRE

OUVRAGES

Plaisirs cuisinés ou poisons cachés, Gilles-Eric Séralini et Jérome Douzelet, edition Actes Sud, 2017

Faut-il manger des animaux ?, Jonathan Safran Fauer, Points, 2012

Un fléau si rentable : vérités et mensonges sur l'huile de palme, Emmanuelle Grundmann, Calmann-Lévy, 2013

Tous cobayes, Gilles-Eric Séralini, Flammarion, 2013

www.greenpeace.fr/guide-produits-ogm, Greenpeace, 2006

VIDÉOS

Documentaires sur l'élevage industriel :

Meat the truth de la fondation Nicolaas G. Pierson

Cowspiracy de Kip Anderson

Le marché de la faim d'Erwin Wagenhofer

Meatrix (court-métrage animé en anglaise facilement disponible sur YouTube)

VIDÉOS

Documentaires sur les liens mondialisation / alimentation :

We feed the world
d'Erwin Wagenhofer

Super Size Me de Morgan Spurlock

Food inc de Robert Kenner

Documentaires sur les OGM et les pesticides

Le monde selon Monsanto
de Marie-Monique Robin

Notre poison quotidien de Marie Monique Robin

PRENDRE SOIN DE SOI ET DES AUTRES AVEC DES COSMÉTIQUES RESPECTUEUX DE TOUTES ET TOUS

JE LUTTE CONTRE

Exploitation des animaux

Pollution de l'environnement

OGM et pesticides

© Ventura 69

La question des cosmétiques traverse les enjeux environnementaux, sanitaires et éthiques. Certains des composants de nos produits de beauté sont cancérigènes, dangereux pour la fertilité. D'autres, comme le ticlosan, passent dans l'eau, s'accumulent, polluent les eaux et la vie aquatique qu'elles contiennent.

Cosmétiques vegan, biologiques, naturels, autant de possibilités et de certifications ajoutent de la complexité au sujet. Essayons d'y voir plus clair !

LES MARQUES À FAVORISER

Couleur caramel natural make up

SO'BiO étic

Melvita

WELEDA

LOGONA NATURKOSMETIK

L'ASTUCE "SLOW"

Plutôt que d'acheter une multitude de produits différents, vous pouvez opter pour les **huiles végétales** (les huiles biologiques de préférence). Celles-ci permettent de nourrir la peau, de se démaquiller, on leur reconnait aussi des vertus régénérantes et permettant de lutter contre le vieillissement cutané.

Vous trouverez des produits sains et respectueux de l'environnement notamment sur les sites suivants :

Aucoeurdesracines.fr,
Biotopedesmontagnes.fr,
Compagnie-des-sens.fr,
zaomakeup.fr,
De-sainthilaire.com,
Essenciagua.fr

CONSEIL N°01

J'ACHÈTE DES COSMÉTIQUES BIO

La consommation de cosmétiques biologiques favorise, d'une part, le développement de la filière agricole biologique et, d'autre part, l'absence de produits jugés dangereux pour la santé comme les parabènes ou le triclosan.

zao
essence of nature

ZAO MakeUp

JE SAIS IDENTIFIER LES BONS LABELS

CONSEIL N°02

Jusqu'à ce jour, il n'existe pas de définition réglementaire officielle des produits cosmétiques naturels et biologiques, mais il existe des normes privées. En d'autres termes, les questions de certification sont bien plus complexes dans le domaine des cosmétiques que dans n'importe quel autre domaine.

Il faut savoir que le meilleur label en la matière est le label Nature & Progrès présenté dans la section sur l'alimentation (Voir p.58).

Il existe deux labels Cosmébio différents. Les deux labels Cosmébio garantissent l'origine des ressources par certification indépendante.

COSMEBIO

10 % minimum d'ingrédients bio sur le total du produit.

COSMEBIO COSMOS ORGANIC

Nouveau cahier des charges du label, plus exigeant. 20 % minimum d'ingrédients bio sur le total du produit.

COSMEBIO COSMOS NATURAL

Attention, ce n'est pas un label certifié biologique, mais il garantit au moins 95 % d'ingrédients naturels sur l'ensemble du produit.

Cosmebio
Cosmos Organic

Cosmebio

Cosmebio
Cosmos Natural

NATRUE

Il existe trois niveaux de certification pour ce label : cosmétiques naturels, cosmétiques naturels en partie biologique (au moins 70% des ingrédients naturels) et cosmétiques biologiques (au moins 95% d'ingrédients naturels).

BDIH

En plus d'utiliser autant que possible des matières premières végétales provenant de l'agriculture biologique, le label exclut BDIH exclut les tests sur les animaux et les matières premières provenant de mammifères tués.

ECOCERT

Il existe deux niveaux d'exigence en matière de composition des cosmétiques :

Le label Bio
Minimum 10 % d'ingrédients certifiés bio sur le total des ingrédients.
Le label Eco
Minimum 5 % d'ingrédients certifiés bio sur le total des ingredients.

Pour ces labels, les ingrédients issus d'animaux vivants ou morts et les ingrédients de synthèse (colorants, parfums, antioxydants, émollients de synthèse, huiles et graisses, silicones, les ingrédients issus de la pétrochimie...), sont interdits.

Natrue BDIH Ecocert

© Urosh Petrovic

JE M'ORIENTE VERS LES MARQUES VEGAN

Beaucoup de marques bio ne testent pas sur les animaux et se retrouvent dans la liste précédente. Cependant, les marques vegan ne sont généralement guère connues. Voici quelques boutiques en ligne pour trouver votre bonheur en la matière :

www.veganie.com
www.preciouslife.fr
www.bioeven.fr

De manière générale, on vous recommande l'annuaire vegan www.vegan-france.fr

Et les labels ? Une fois de plus, on vous donne un coup de pouce pour vous y retrouver.

JE SUIS ATTENTIF.VE AUX LABELS

LABELS GARANTISSANT

l'absence de tests sur les animaux :

NOT TESTED ON ANIMALS

Cruelty Free INTERNATIONAL

one voice pour une éthique animale et planétaire

LABELS GARANTISSANT

l'absence de tests sur les animaux et que les produits ne contiennent aucuns ingrédients d'origine animale :

crueltyfree andvegan

Vegan

CERTIFIED VEGAN VEGAN.ORG

eve VEGAN

LE TRUC EN PLUS

L'huile de palme se cache aussi dans nos cosmétiques ! On vous renvoit à ce qu'on dit à ce sujet dans la partie alimentation. On vous renvoie page 55 dans la partie alimentation pour en savoir plus !

CONSEIL N°04

J'ÉVITE DE CONSOMMER DES PRODUITS DE LA "FAST BEAUTY"

Ils contiennent des produits toxiques. *(cf annexe 4 à la page 147).*

Ils sont majoritairement testés sur les animaux.

Ils contiennent souvent de l'huile de palme et/ou des OGM *(cf chapitre sur l'alimentation, conseil n° 2).*

Communication exagérée voire mensongère sur la simplicité et la rapidité du geste à accomplir et sur l'efficacité instantanée du produit. Par exemple, "un soin pour cheveux qui répare intensément en 60 secondes".

Les signes distinctifs de la fast beauty se retrouvent ici : prix attractifs, produits ultra spécifique pour chaque partie du corps et chaque problème, production en grande quantité, etc *(cf chapitre sur le textile, conseil n° 7)*

CONSEIL N°05

CONCEVOIR SOI-MÊME SES PROPRES COSMÉTIQUES

Cela peut paraître très complexe au premier abord aux non-initié.e.s. Pourtant, **la plupart des produits peuvent être fabriqués très aisément en quelques minutes !**

Les avantages : vous pouvez utiliser uniquement des produits naturels et bio, vous gagnez du temps et de l'argent !

DENTIFRICE

Temps de préparation 5 minutes

Ingrédients

- 12 cuillères à soupe d'argile blanche
- 2 cuillères à soupe de carbonate de calcium
- 1 petite cuillère à café de bicarbonate de soude
- 2 gouttes d'huile essentielle de citron ou de menthe (à utiliser avec précaution, interdites aux enfants et femmes enceintes)
- 1 cuillère à soupe d'huile de coco (pour une texture pâte)
- 1 cuillère à soupe de glycérine végétale (pour une texture gel)

Préparation Mélanger les ingrédients pour obtenir une poudre homogène et légèrement parfumée.

Important Le bicarbonate de soude nettoie et élimine le tartre des dents mais ce produit est assez abrasif. Il est vivement conseillé de l'associer à l'argile pour protéger les gencives !

DÉODORANT

Temps de préparation
5 minutes

Ingrédients
- 2 cuillères à soupe de bicarbonate de soude
- 2 cuillères à soupe d'amidon de maïs
- 3 cuillères à soupe d'huile de coco vierge

Préparation
Mélanger les ingrédients jusqu'à obtenir une pâte homogène facile à étaler. Pour obtenir un déodorant solide la pâte doit être mise au frais.

Astuce
On peut ajouter quelques gouttes d'huile de palmarosa ou de clou de girofle qui ont des propriétés anti-transpirantes, anti-bactériennes et anti-virales. Attention aux huiles essentielles, à utiliser avec précaution : interdites aux enfants et femmes enceintes.

SHAMPOOING SEC

Temps de préparation
10 minutes

Ingrédients
- 3 cuillères à soupe d'amidon de maïs
- 1 cuillère à soupe de cacao pour les cheveux foncés
- 1 cuillère à soupe d'argile blanche pour les cheveux clairs
- 2 gouttes d'huile essentielle de lavande (à utiliser avec précaution, interdites aux enfants et femmes enceintes)

Préparation
Mélanger les ingrédients pour obtenir une poudre homogène et légèrement parfumée.

Conseils d'utilisation
Saupoudrer le shampooing sec sur les cheveux en insistant sur les racines. Après avoir laissé reposer le shampooing au moins 5 minutes, masser le cuir chevelu du bout des doigts et brosser les cheveux pour éliminer les résidus.

EN SAVOIR PLUS AU SUJET DES COSMÉTIQUES INDUSTRIELS ET DE LEURS IMPACTS

OUVRAGES

La vérité sur les cosmétiques,
Rita Sittens, Vie Quotidienne, 2012

Profession : Animal de laboratoire,
Audrey Jougla, Autrement, 2015

VIDÉOS

Enquête d'Envoyé spécial
« Perturbateurs endocriniens, nos vies empoisonnées »
Du 3/05/2018
Disponible sur YouTube

ARTICLES

« Comparatif Substances toxiques dans les cosmétiques »
Article du 21/12/2019 – UFC Que choisir

« Les nanoparticules peuvent endommager le cerveau »
Article d'Agnès Rousseaux du 28/11/2011 - Bastamag.net

« Perturbateurs endocriniens : le poids des lobbies pèse sur Bruxelles »
Article de Mr Mondialisation du 26/06/2016 - mrmondialisation.org

« Cosmetox de Greenpeace disponible sur le net »
Article de Mr Mondialisation du 26/06/2016

VALORISER ET RÉDUIRE SES DÉCHETS

JE LUTTE CONTRE

Déforestation

Pollution de l'environnement

Exploitation humaine

© Hamza Javaid

CONSEIL N°01

JE PRATIQUE LE TRI SELECTIF

Aujourd'hui, seulement un.e français.e sur deux trie ses déchets. Pourtant le tri sélectif permet de recycler et donc d'économiser des ressources naturelles, de limiter les émissions de gaz à effet de serre et même de soutenir l'économie et l'emploi local ! **En plus, les règles du tri sélectif sont très simples...** On l'admet, elles sont très nombreuses et souvent peu claires. Elles sont pourtant de plus en plus présentes sur la plupart des emballages des produits de notre vie quotidienne. En voici un petit florilège pour vous aider à vous y repérer :

Poubelles pour le tri, on peut jeter les emballages en carton, acier, aluminium. Pour les emballages en plastique, on jette uniquement les bouteilles et les flacons : bouteille d'eau, flacon de liquide-vaisselle, gel-douche ou shampooing, bouteille d'huile... Vous pouvez laisser les bouchons, c'est plus pratique et plus propre dans le bac. Sauf si vous préférez en faire don à une association qui le récupère et se finance avec cette collecte telles que Bouchons d'amour ou Coeur2Bouchons, à vous de voir ! Il est également inutile de laver les emballages, il suffit de bien les vider. Vous pouvez aussi laisser les emballages en vrac, sans les imbriquer entre eux. Cela permettra de les séparer et de les recycler plus facilement. A compter de 2020, le tri évolue sur la Métropole de Lyon ! Désormais les sachets et films en plastique vides ainsi que les pots, boîtes et barquettes en plastique vides peuvent rejoindre les déchets recyclables dans la poubelle jaune !

Poubelles pour le verre, on peut y jeter toutes les bouteilles, bocaux et pots en verre. Attention : la vaisselle, la faïence et la porcelaine ne se recyclent pas !

Poubelles pour le papier, journaux, magazines, prospectus, enveloppes (avec ou sans fenêtres), papier kraft, carnets (sans spirales), feuilles d'imprimantes (imprimées ou non), etc.

Les poubelles pour le papier ne sont pas présentes dans chaque quartiers ou villes. Elles ne font parfois qu'un avec les poubelles de recyclage.

Nous ne vous présentons ici que les règles de base. Certaines collectivités vont encore plus loin dans le règlement. Il ne faut donc pas hésiter à appeler sa mairie pour savoir quelles sont les consignes de tri appliquées dans sa zone géographique. En cas de doute, vous pouvez aussi consulter le site : consignesdetri.fr

Penser aussi que certains déchets peuvent avoir une seconde vie : les pots de moutarde peuvent servir de verres de table, les boites en métal de boites à biscuit, thé, sucre et les bocaux en verre peuvent contenir des pâtes, du riz, des céréales, etc. Soyez inventif.ve.s !

Donnée clé

Le 7ème continent de plastique "évoluant dans le nord de l'océan" Pacifique fait désormais la taille d'un tiers des Etats-Unis ou de six fois la France. *Article "Le 7e continent de plastique : ces tourbillons de déchets dans les océans" Le Monde 09/05/2012.*

J'APPRENDS À RECONNAITRE LES DIFFÉRENTS SYMBOLES ET LOGOS DE RECYCLAGE

CONSEIL N°02

SYMBOLE DE L'ORGANISME ECO-EMBALLAGES

Il signifie que l'entreprise soutient financièrement le dispositif de collecte, de tri et de recyclage des emballages ménagers mais nullement que le produit est recyclable ! Il faut en plus savoir que cette contribution est obligatoire à partir du moment où une entreprise met sur le marché des produits emballés, consommés ou utilisés par des ménages.

RUBAN DE MOBIUS

Symbole universel des matériaux recyclables indiquant que le produit ou l'emballage est techniquement recyclable mais pas qu'il est issu de matières recyclées. Le symbole du mobius est optionnel.

Éco-Emballage

Ruban de Mobius

1 Ces symboles indiquent que l'emballage ou le produit sont fabriqués avec des matières recyclées et précisent le taux de matière recyclée.

2 Ce logo rappelle simplement une règle banale de savoir-vivre, à savoir qu'il faut jeter ses déchets dans une poubelle plutôt que sur la voie publique ou dans la nature.

3 Le déchet doit être collecté par une filière spécifique et donc ne doit pas être jeté dans une poubelle classique.

4 Logo significant que le produit ou l'emballage est recyclable et donc doit être correctement trié.

5 Symbole qui indique que l'emballage est constitué de verre, matériau qui peut être recyclé.

6 Symbole qui indique que l'emballage est constitué d'aluminium, matériau recyclable.

7 Symbole qui indique que l'emballage est constitué d'acier, matériau recyclable.

L'ASTUCE "SLOW"

Mettre un autocollant ou une affichette "Stop Pub" sur votre boîte aux lettres est également un excellent moyen de diminuer ses déchets papiers (-10kg sur un an en moyenne !). Vous pouvez aussi en trouver sur le site de notre association, dans l'onglet boutique : association-cie.fr.

CONSEIL N°03

JE FAVORISE LES MATIÈRES RECYCLÉES ET J'OUBLIE LE SUREMBALLAGE

Afin de renforcer la filière des matériaux recyclés, vous pouvez choisir des produits issus de ceux-ci. Il peut tout simplement s'agir de papier ou de stylos mais aussi de cartons, de plastique ou même de vêtements. Si vous souhaitez diminuer le poids de votre poubelle, il vous faudra débuter une chasse au suremballage ! Seule la moitié des emballages est recyclée, ce qui entraine un gachis de matériaux et de ressources naturelles. De plus, la pratique du suremballage sert avant tout un but marketing, et représente souvent une part non négligeable du prix du produit (environ 40%). **Ils contiennent aussi des produits toxiques potentiellement nocifs pour la santé du consommateur.**

La méthode des cinq R propose des outils qui doivent être utilisés dans l'ordre pour qu'elle soit écologiquement efficace. Ainsi, on dit souvent que le meilleur déchet est celui qui n'est pas produit : refuser des flyers et échantillons permet ainsi de ne pas les faire entrer chez soi, où ils finiront à la poubelle. Après Refuser, vient Réduire, puis Réutiliser, Recycler, et enfin composter ("Rot" en anglais). Ainsi, le recyclage n'est pas la première mais bien la dernière étape, pour les déchets que l'on a pas pu éviter. *Pour plus de détails, voir page 89,* *Zéro déchet, Béa Johnson, J'ai lu, 2013.*

© Thitaree Sarmkasat

QUELQUES CONSEILS

• Je privilégie les grands conditionnements, comme les grands pots de yaourt
• Je préfère l'eau du réseau domestique à l'eau en bouteille.
• J'utilise des sacs réutilisables ou des paniers. Attention toutefois à ne pas accumuler les tote bag qui peuvent avoir un fort coût environnemental quand ils sont faits en coton.
• J'achète des emballages recyclables (carton, verre ou métal)
• Je favorise le vrac (surtout dans les épiceries bio) et l'achat direct au/à la producteur.trice.

CONSEIL N°04

J'INSTALLE UN COMPOST

Un tiers des déchets émis par les ménages sont des déchets organiques et peuvent donc se composter afin d'être valorisés plutôt que de renforcer la pollution émise par les méthodes de traitement des déchets de masse. Si vous disposez d'un jardin et que vous souhaitez installer un composteur et apprendre à l'utiliser, vous pouvez nous contacter afin que nos bénévoles vous aident dans votre projet.

Si vous habitez en appartement, il est toujours possible de participer au compostage. Effectivement, il existe deux solutions :

L'installation d'un compost collectif,
cela nécessite de monter un petit projet avec vos voisin.e.s afin que la mairie fasse le nécessaire. Vous pouvez également nous contacter si vous souhaitez notre aide, nous participons régulièrement à ce type de démarche.

L'achat d'un lombricomposteur
qui est moins cher et qui prend moins d'espace.

Donnée clé

8 millions de tonnes de plastique déversées dans les océans chaque année.
Article "*Chaque année, 8 millions de tonnes de plastique finissent dans les océans*" Libération 14/11/2019.

© Janaya Dasiuk

CONSEIL N°05

JE RECYCLE MES DÉCHETS ÉLECTRONIQUES

Les vieux objets électroniques, qu'il s'agisse de piles, de télécommandes, de téléviseurs, de portables ou d'ordinateurs, sont des mines de ressources naturelles uniques. Ainsi, il est impératif de les valoriser en les insérant dans les filières de recyclage appropriées. En revanche, il est important de ne pas les laisser traîner inutilement dans des placards !

OÙ ENVOYER SES VIEUX OBJETS ÉLECTRONIQUES?

Lorsque vous achetez un objet neuf, pensez à apporter du même coup l'appareil que vous remplacez (si ce dernier ne fonctionne plus bien sûr). Le magasin a alors l'obligation de le reprendre et de l'envoyer en recyclage. Votre déchetterie de secteur récupèrera une grande partie d'entre-eux mais ce n'est généralement pas le cas de certains objets comme les portables ou les CD. Les portables peuvent être envoyés à des structures spécialisées comme :

magicrecycle.com
fonebank.fr
vendremonmobile.com

Enfin, si vous préférez, nous récupérons tous les appareils électroniques et vêtements dont vous n'avez plus l'usage pour les valoriser auprès de notre réseau associatif solidaire. Il suffit donc de nous contacter pour nous faire venir. Si vous le souhaitez, vous pouvez également nous contacter pour connaitre ces contacts locaux et faire les démarches vous-mêmes.

© Bert Sz

JE SUIS ATTENTIF.VE AUX DATES DE PÉREMPTION

Près de la moitié du gaspillage alimentaire s'explique par le dépassement de dates de consommation. S'il est certain que nous avons tendance à surconsommer dans nos supermarchés, la confusion concernant les dates de péremption a également une part de responsabilité. Effectivement, la plupart des ménages ignorent qu'il existe deux dates qui n'ont pas du tout les mêmes implications.
Il existe donc :

LA DLC (DATE LIMITE DE CONSOMMATION)

Le produit doit être consommé avant cette date. La mention indique en général avant la date "à consommer jusqu'au". Cela concerne surtout les oeufs, laitages, viandes et autres produits frais périssables.

LA DDM (DATE DE DURABILITÉ MINIMALE, ANCIENNEMENT DLUO)

Lorsqu'il est indiqué "à consommer de préférence", cela veut simplement dire que le fabricant ne peut plus garantir les qualités gustatives et nutritives au-delà de la date. Il est donc possible de consommer l'aliment au-delà de la date sans danger s'il a été correctement conservé.

© Allef Vinicius

Combien de temps conserver les produits quand la DDM est dépassée? Cela dépend de l'aliment :

• Plusieurs années après la date limite : les produits secs (vous pouvez les mettre dans des bocaux en verre pour mieux les conserver), le chocolat et les conserves (si non ouvertes).

• Jusqu'à deux mois après la DDM : les biscuits et céréales, les sauces (si non ouvertes), les pâtes à tartiner.

• Bon à savoir pour les amateur.trice.s : le miel ne se périme jamais. Même s'il cristallise il est encore consommable !

J'ACHÈTE DES COSMÉTIQUES SOLIDES

CONSEIL N°07

En matière de cosmétiques, il existe également des solutions pour réduire les déchets. Effectivement, une grande partie de nos cosmétiques se présente aujourd'hui sous forme de flacons : savons, shampooings, déodorants, etc. **Pourtant, la quasi-totalité de ces produits existe sous forme solide !** Les marques qui en proposent sont plutôt rares à l'exception des savons. On peut tout de même citer ces marques qui ont le mérite d'être souvent bio et vegan :

La savonnerie de Marcel
Pachamamaï
Lamazuna
Les essentiels

© Austin Neill

Adopter une brosse à dents en bois et/ou à tête interchangeable est aussi une bonne façon de réduire la taille de la poubelle de votre salle de bain ! La marque la plus connue, Monte Bianco, est disponible dans toutes les épiceries bios.

Faites appel à nous pour participer à une formation ou pour organiser une formation/animation directement chez vous et gratuitement !

© Superkitina

LE TRUC EN PLUS

Le truc en plus : je ne jette pas mes mégots de cigarette par terre. Il est devenu banal et presque logique de jeter son mégot par terre. Pourtant, il s'agit d'un acte extrêmement polluant. **Un mégot n'est pas un déchet biodégradable, le filtre étant en plastique. Il contient des substances extrêmement toxiques.** Malheureusement, **la plupart des mégots vont dans les égouts puis dans les mers et océans. Alors, conservez votre mégot et jetez-le dans la prochaine poubelle !** Mieux encore, adoptez un cendrier de poche : vous en trouverez également sur notre boutique en ligne (Made in France) sur le site association-cie.fr, onglet boutique.

ZÉRO DÉCHET

Pour éviter au maximum les déchets, vous pouvez vous lancer dans la mouvance "Zéro déchet", initiée par Béa Johnson, qui donne l'astuce des 5 règles en R :

• Refuser ce dont nous n'avons pas besoin : échantillons gratuits, flyer, sac plastiques...
• Réduire ce dont on a besoin : devenir minimaliste, trier ses affaires et donner, vendre ou louer ses objets.
• Réutiliser ce que l'on utilise : réemploi des bocaux, boites, tissus...
• Rot (composter),
• Recycler : les derniers déchets qu'on ne peut ni refuser, ni réutiliser ni composter.

© Mariana Medvedeva

CONSEIL N°08

JE DONNE UNE DEUXIÈME VIE À MES LIVRES

Nombre de nos bibliothèques sont remplies de livres que nous avons déjà lu et que nous ne relirons jamais et/ou de livres que nous n'avons jamais lu, sans l'intention de le faire un jour. Quelques conseils pour éviter de les laisser vieillir inutilement :

1 Les proposer à ses proches.

2 Se renseigner auprès de certains établissements proches de chez vous qui peuvent être intéressés par ce type de don : bibliothèque, école, maisons de retraite, maisons de quartier type MJC, établissements pénitentiaires.

3 Vous pouvez donner aux associations suivantes :
Emmaüs, Secours Populaire, Bibliothèque Sans Frontières, Livres sans frontières ou nous les apporter à tout moment ou lors de nos gratiféria. Les livres non récupérés par les participant.e.s seront envoyés à Recyclelivre.com (entreprise présente à Paris, Lyon, Lille, Nantes et Strasbourg) qui reverse 10 % du prix de vente des livres à des associations qui font des actions en faveur de l'éducation et de l'écologie dont CIE !

4 Vous pouvez les vendre dans des vides-greniers . Pour trouver des annonces de vide-grenier, vous pouvez consulter : brocorama.com info-brocantes.com, vide-greniers.com
Pour les vendre sur Internet :
vendre-livre.fr, gibert.com, momox.fr, Rakuten.com
(anciennement Price Minister).

5 Si vous êtes un peu bricoleur.euse, pleins d'objets peuvent être faits avec vos vieux livres trop abîmés : range-papier, boîtes, pieds de lampe... Vous trouverez pleins de tutos sur Internet ! Sinon direction les poubelles de tri (poubelles papier si disponibles, sinon poubelles de tri standards).

Tous ces conseils valent également pour vos CD, DVD, jeux-vidéos... Notre association organise aussi régulièrement des gratiférias : vous posez tous les objets dont vous ne voulez plus et qui sont encore utilisables, et ce gratuitement et vous prenez tout ce qui vous intéresse gratuitement ! Plus de renseignements à cette adresse :
www.association-cie.fr/gratiferia/

DO IT YOURSELF | FUROSHIKI

Je fais mon propre emballage cadeau | Technique traditionnelle japonaise

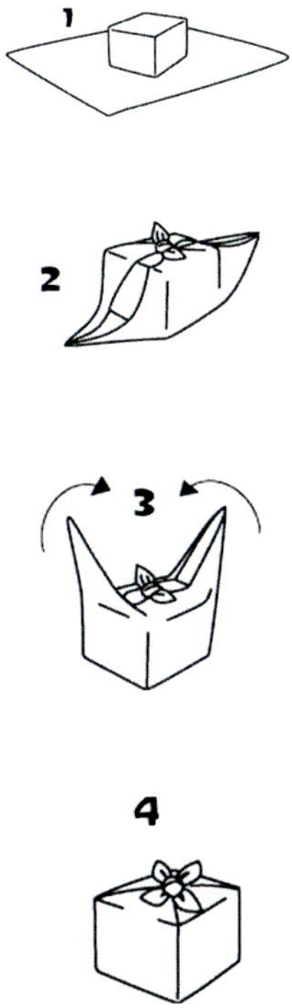

Pourquoi ?

La production de papier cadeau participe à la déforestation et génère également beaucoup de déchets.

Alternative

Une bonne alternative est le furoshiki, technique traditionnelle japonaise de pliage et de nouage de tissu pour emballer ses cadeaux.

Préparation

Très simple à faire, il vous suffit de disposer d'un cadeau à emballer et d'un morceau de tissu (ni trop fin, ni trop épais, pour les dimensions cela dépend de l'objet à emballer).

L'art du Furoshiki

Nous ne vous présentons ici qu'une seule technique parmi d'autres. Le furoshiki étant un art, il existe énormément de variantes. N'hésitez pas à nous contacter si vous souhaitez participer à un de nos ateliers furoshiki !

© Hamza Javaid

EN SAVOIR PLUS AU SUJET DES DÉCHETS ET DE LEUR IMPACT SUR L'ENVIRONNEMENT ET LA SANTÉ

OUVRAGES

Zéro Déchet, Béa Johnson, J'ai Lu, 2013

Homo detritus, Baptiste Monsaingein, Seuil, 2017

VIDÉOS

Le Plastique : menace sur les océans de Max Mönch et Friedemann Hottenbacher (disponible sur YouTube)

Planet plastic de Werner Boote et Thomas Kirschner

L'emballage qui tue, de Inge Altemeier et Reinhard Homung

« Super Trash » de Martin Esposito

ARTICLES

« La terre et la mer étouffent sous les déchets plastiques »
Article du 5/03/2019
Lorène Lavocat

Explication du 7e continent aux enfants sur le site :
explique7econtinent.com

Comment l'Europe fait passer ses déchets informatiques pour des dons "humanitaires"
Article du 27/01/2014 – Rachel Knaebel Bastamag.fr

Les océans pollués par des particules invisibles de plastique »
Article du 22/02/2017 – Le Monde Lemonde.fr

DIMINUER SA CONSOMMATION D'ÉNERGIE ET SA DÉPENDANCE AU PÉTROLE

JE LUTTE CONTRE

Déforestation

Pollution de l'environnement

Exploitation humaine

À échelle individuelle, il est sans aucun doute plus complexe de diminuer son impact environnemental en matière d'énergie que dans n'importe quel autre domaine. Les freins sont nombreux : obligations professionnelles, manque de revenus pour investir, etc. Pour autant, nous allons tenter de vous montrer qu'il existe tout de même de nombreuses solutions adoptables par tous !

© Oatawa

© Pixpoetry

CONSEIL N°01

J'UTILISE AU MAXIMUM LES TRANSPORTS EN COMMUN

En ce qui concerne les transports, la première chose qui vient à l'esprit est la limitation de l'usage de la voiture individuelle. Pour ce faire, il est indispensable de favoriser les transports en commun. Il est évident que cela est bien plus simple dans des villes de taille importante avec de bonnes dessertes. Bien évidemment, le moins polluant reste le déplacement à pied ou à vélo !

Donnée clé

70% des français.e.s se rendent au travail en voiture. Même pour les trajets de moins de 1km, 58% d'entre elles et eux préfèrent la voiture à la marche ou au vélo. *Article 370% des Français vont travailler en voiture de Libération du 7/11/2018.*

CONSEIL N°03 J'ÉVITE L'AVION À TOUT PRIX

Le mode de transport le plus polluant est sans aucun doute l'avion. Si chaque habitant.e de la planète prenait l'avion chaque année depuis sa démocratisation dans les pays occidentaux, la planète serait déjà inhabitable. Ainsi, même si la tentation des compagnies low cost est forte, il est impératif de n'utiliser ce mode de transport que de manière particulièrement exceptionnelle. **Il devrait donc être hors de question de choisir la voie aérienne pour voyager en Europe ou, pire, en France.**

© Marian Kroell

CONSEIL N°02 JE LIMITE MES DÉPLACEMENTS EN VOITURE

Nous avons pris l'habitude de nous rendre dans les grands centres commerciaux surpeuplés mais dans lesquels l'on pense pouvoir tout trouver. A-t-on vraiment toujours besoin de disposer de 30 boutiques lorsque l'on souhaite simplement acheter un livre ou un vêtement? Des boutiques plus proches de chez vous existent probablement : librairies indépendantes, friperies de quartiers, marchés de produits locaux... En outre, ce type de commerce participe bien plus au tissu économique local et est bien plus créateur d'emplois que les géants qui concentrent les achats !

CONSEIL N°04

JE CHOISIS BIEN MA VOITURE

Oubliez les voitures à l'éthanol ou les voitures électriques autant que les 4X4. Effectivement, elles sont en réalité encore plus émettrices de gaz à effet de serre que les véhicules traditionnels… Au final, acheter d'occasion est souvent un bon compromis. En effet, une grande partie de l'impact environnemental d'une voiture a lieu durant sa construction. Il est donc essentiel qu'elle soit utilisée au maximum plutôt que de favoriser constamment la production de voitures neuves. Vous souhaitez acheter neuf ? Nous vous conseillons en priorité le GPL qui reste encore la solution la moins polluante, le gaz étant moins émetteur de CO2.

LE TRUC EN PLUS

Je roule à l'huile. Il existe une alternative intéressante dans le cas où vous disposez d'un véhicule diesel. Ce type de carburation a la possibilité de rouler en bicarburation avec de l'huile de friture usagée ! L'impact environnemental est alors fortement diminué mais cela nécessite une certaine organisation. Vous pouvez vous renseigner auprès du réseau Roule ma frite qui propose de mettre en place la bicarburation et de vous fournir l'huile usagée. Il existe un certain nombre de relais départementaux.

©Zeus

CONSEIL N°05

JE PRATIQUE L'ÉCO-CONDUITE

Dans tous les cas, n'oubliez pas que la meilleure façon de moins polluer en matière de transports est encore d'éviter au maximum l'usage de la voiture individuelle et de pratiquer l'éco-conduite, "éco" pour écologique et économique ! Voici quelques règles de base, pour aller plus loin, vous pouvez consulter www.ecoconduite.org

1 J'entretiens convenablement mon véhicule : pression pneumatique, niveau d'huile, d'eau, vidange...

2 Je supprime toute charge inutile du véhicule, comme un coffre de toit qui ne sert pas.

3 Je ferme les vitres, en particulier à des vitesses élevées.

4 Je n'abuse pas de la climatisation.

5 Je roule dès le démarrage et j'éteins mon moteur en cas d'arrêt de plus de 60 secondes.

6 Je conduis à des vitesses raisonnables et en douceur (j'évite les accélérations et les freinages brutaux).

7 Je choisis un régime adapté à ma vitesse : je passe les vitesses supérieures entre 2000 et 2500 t/mn.

8 J'évite de circuler aux heures de pointe.

9 Je favorise le co-voiturage ! En regardant sur ces 4 sites, vous êtes certain.e.s de trouver un trajet qui correspondra à votre demande :

blablacar.fr, www.klaxit.com, mobicoop.fr et laroueverte.com

CONSEIL N°06

J'ÉCONOMISE L'ÉNERGIE

AU QUOTIDIEN

Il existe au sein du logement tout un ensemble de réflexes à adopter pour réduire sa consommation d'énergie. Nous vous présentons ainsi une liste, la plus exhaustive possible.

Consommation	Comment la diminuer ?
Appareils éléctroniques divers	• Je débranche les chargeurs inutiles. • J'éteins les appareils en veille. • Je débranche la box internet la nuit et lorsque personne n'est présent chez moi.
Ordinateur	• Je mets en veille mon appareil si je ne l'utilise pas avant les trente prochaines minutes. Si je ne l'utilise pas avant les trois prochaines heures, je l'éteins. • J'évite de faire tourner de multiples tâches inutiles.
Réfrégérateur et congélateur	• Je ne remplis pas mon réfrégérateur inutilement. • Je dégivre mon réfrigérateur régulièrement.
Eau	• Je préfère l'eau froide plutôt que chaude pour me laver les mains. • Je favorise les douches (pas trop longues !).
Plaques de cuisson	• Je mets un couvercle sur l'eau à faire bouillir **pour que ça chauffe plus vite.** • J'adapte la taille de mon feu à ma casserole, et vice versa.
Chauffage	• Je dépoussière et je purge mes radiateurs afin qu'ils diffusent mieux la chaleur. • Je préfère diminuer quelque peu la température et mettre un pull plutôt que d'être en tee-shirt en hiver.

JE FAVORISE LES ÉNERGIES RENOUVELABLES

CONSEIL N°07

© Martin Adams

Associé à une démarche de sobriété énergétique, se fournir en énergie renouvelable est un acte éco-citoyen non négligeable puisque les **énergies renouvelables** (tels que le solaire, l'hydraulique, l'éolien...) sont une alternative aux énergies extrêmement polluantes que sont les centrales nucléaires, le charbon et les gaz non conventionnels. Voici les fournisseurs d'électricité les plus verts, selon un classement réalisé par Greenpeace en 2018[4] :

ENERCOOP

Fournisseur d'électricité 100 % renouvelable et coopératif, en contrat direct avec les producteur.trice.s. À noter : Enercoop incite ses consommateur.trice.s à maitriser leur consommation d'énergie en ne surconsommant pas.

ENERGIE D'ICI

Électricité provenant des centrales hydroélectriques et moins chère que le tarif réglementé. limitée aux particulier.e.s de certains départements.

ILEK

Ilek n'est pas un producteur d'électricité mais un fournisseur. L'électricité renouvelable commercialisée sur Ilek a été produite par un producteur français partenaire : celui que vous aurez choisi. La quantité d'électricité qu'ilek a achetée en fonction de la source : éolienne, solaire ou hydroélectrique, est contrôlée.

[4] Pour consulter le classement dans son intégralité et voir où se situe votre fournisseur, vous pouvez vous rendre sur le site www.greenpeace.fr

CONSEIL N°08

JE FAIS UN ÉCO-USAGE DE MON SMARTPHONE

J'achète un modèle d'occasion : la fabrication d'un smartphone est extrêmement lourde tant sur le plan environnemental (l'extraction des minerais nécessaires à leur fonctionnement détruit des écosystèmes entiers) que sur le plan social (travail d'enfants, entretien de conflits armés...). Opter pour un modèle reconditionné peut aussi être intéressant pour son porte-feuille. Voici quelques bons sites en la matière :

www.backmarket.fr
www.labelemmaus.fr
www.remade.com

© Ravi Kumar

Je privilègie les marques qui ont l'impact environnemental le plus faible :

Tous les objets qui peuplent désormais notre quotidien sont concernés. Consommation, provenance des matériaux, investissement dans le recyclage... Autant de manières de contribuer à la préservation de l'environnement pour une entreprise vendant des objets électroniques. Pourtant, peu d'entre elles s'intéressent réellement à la question.

Je peux également louer un téléphone pour la durée de mon choix sur commown.coop. Le plus soutenable pour l'environnement étant bien sûr de resté.e a autonome en se passant du smartphone...

L'ASTUCE "SLOW"

Lieu fort de cohésion sociale, un repair-café permet d'éviter de jeter tout en apprenant à bricoler. pour y voir clair, le site www.produitsdurables.fr propose un guide des produits électroniques pour y voir plus clair quant à l'achat du produit, l'entretien, la réparation, la garantie et la fin de vie.

Pour y voir plus clair, le site Greenpeace propose aussi un guide des produits électroniques pour des conseils d'achat, d'entretien, de réparation, de garantie et de fin de vie des appareils notant les entreprises en fonction uniquement de critères environnementaux et non sociaux.

© Fairphone

Donnée clé

Début 2018 il y a plus de smartphones actifs (7,7 milliards) que d'habitants : 7,4 milliards. Le téléphone est désormais l'écran le plus utilisé devant l'ordinateur et tablettes.
Information issue de "Ventes mondiales de smartphones" du site Planetoscope.com

J'UTILISE INTERNET DE MANIÈRE ÉCO-RESPONSABLE

CONSEIL N°09

Internet est un outil désormais indispensable pour nos sociétés occientales. Malheureusement, son impact environnemental est gigantesque. Pourtant, il est facile de diminuer drastiquement celui-ci en uilisant la toile différement.

MOTEUR DE RECHERCHE

J'évite d'effectuer une recherche à chaque fois que je souhaite me rendre sur une page. Je privilégie l'historique, la barre URL et les favoris.

J'utilise un moteur de recherche alternatif comme Ecosia. Celui-ci compense les émissions de CO2 en finançant la reforestation.

MUSIQUES ET VIDEO

J'évite le streaming. Ecouter de la musique sur YouTube ou regarder des films sur Netflix ne sont pas sans conséquence car ces services sont stockés en ligne et nécessite énormément d'énergie pour être diffusés. Mieux vaut favoriser les CD, DVD ou, à la rigueur, le streaming audio qui est moins consommateur que le streaming vidéo !

NAVIGATEUR

Je prèfère Mozilla Firefox (fondation à but non lucratif), bien moins polluant que Google Chrome ou Internet Explorer.

MAILS

- Je vide régulièrement ma boite mail. Toutes ces données sont stockées sur des serveurs, très gourmands en énergie.
- Vous pouvez vous aider de l'extension Cleanfox qui vous débarrasse de toutes les newsletters, spams et mails publicitaires qui encombrent votre boite mail.

DOCUMENTS PARTAGÉS

J'oublie Google Doc et je passe à Framasoft, outil libre, issu du monde associatif et ne dérobant pas mes données pour les revendre !

PUBLICITÉS

J'installe un bloqueur de pub comme uBlock.

TRANSFERT DE DOCUMENTS

- Plutôt que de les stocker sur le Net, je transfère mes données vers un disque dur externe
- Pour un transfert lourd, j'utilise Smash ou WeTransfer qui ne conserve aucunement mes documents après utilisation.

Donnée clé

4 % des émissions de gaz à effet de serre sont émis par les Data Centers (centres de stockage et de traitement des données numériques). Ce chiffre ne va faire qu'augmenter puisque la masse des données stockées double tous les deux ans.

Ces émissions de gaz à effet de serre devrait être multipliées par deux d'ici 2025 et la consommation de matériaux devrait être multipliée par trois. *Source donnée clé : "Le numérique responsable de 4% des émissions de gaz à effet de serre" Article de La Dépêche du 21/10/2019.*

EN SAVOIR PLUS AU SUJET DE L'ÉNERGIE ET DES TRANSPORTS

OUVRAGES

Le Manifeste Negawatt, Actes Sud, 2015, expliquant avec précision comment sortir du nucléaire et obtenir une énergie 100% issue des énergies renouvelables en France. L'association Negawatt rassemble des expert.e.s et ingénieur.e.s en énergie.

Désobéir à la voiture, les Désobéissants, Le passager Clandestin, 2012

Désobéir au nucléaire, Les Désobéissants, Le Passager Clandestin, 2017

DOCUMENTAIRES

Déchets, le cauchemar du nucléaire par Eric Guéret.
(disponible sur YouTube)

NOUS CONTACTER

Faites appel à nous pour assister à une conférence/atelier ou en organiser ! Nous proposons aux particulier.e.s de les accompagner dans leur démarche avec des ateliers organisés régulièrement dans nos lieux partenaires ou directement chez vous ! L'occasion d'établir alors votre éco-score et des solutions sur-mesure à mettre en place à la maison !

Prenez contact avec votre Agence Locale de l'Energie et du Climat qui propose le dispositif "Famille à énergie positive". Il s'agit d'un accompagnement gratuit et très peu chronophage vous aidant à diminuer votre facture d'électricité sans dépenser un centime. Résulat moyen : 15% d'économie !

ALLER PLUS LOIN

ALLER PLUS LOIN, SENSIBILISATION AU GREENWASHING[5] : PLUS VERT QUE VERT !

Le greenwashing est une action de communication et de marketing opérée par une entreprise pour verdir son image, c'est-à-dire convaincre les potentiel.le.s consommateur.trice.s d'un engagement réel et profond de la marque en faveur de l'écologie, sans que celui-ci soit véritable. Voici une présentation rapide de trois astuces pour vous aider à ne pas vous faire avoir. La liste ne se prétend pas exhaustive et nous appelons aussi à la vigilance et à l'esprit critique de chacun.e pour le repérer quand il est pratiqué.

ASTUCE N°1

Verdir le visuel. C'est l'astuce la moins subtile et la plus facile à détecter. Il s'agit pour l'entreprise de rajouter des petites fleurs, des images de nature ou simplement de la couleur verte. Méfiance aussi envers les marques qui abusent du terme "naturel" ou qui sortent quelques produits bio au milieu d'une grande gamme conventionnelle.

[5] Ce texte reprend ici les analyses de Yonnel Poivre-Le Lohé, De la publicité à la communication responsable, Mayer Charles Leopold Eds. Autres documents consultables : Cash Investigation, saison 1 épisode 6, Marketing vert, le grand maquillage (YouTube) ; Jean-François Notebaert et Wilfried Séjeau, Écoblanchiment : quand les 4×4 sauvent la planète, éditions Les Petits Matins, 2010.

© Rodion Kutsaev

ASTUCE N°2

Stigmatisation de l'engagement écologique. Ce procédé consiste à opposer une vision risible de l'écologie à une petite amélioration superficielle suffisante pour donner bonne conscience aux consommateur.trice.s. On vous recommande la publicité pour la Volkswagen Passat de 2009 (disponible sur YouTube) où le spot commence par montrer un mouvement écologique sectaire dont l'objectif est de ne rejeter aucun CO2 et qui, pour ce faire, retourne à un mode de vie archaïque. Sont alors présentés les avantages d'un gros véhicule qui émet un peu moins de CO2 et consomme un peu moins que les anciens modèles. Ce type de greenwashing est particulièrement dangereux car loin de se contenter de faire passer un produit pour plus vert qu'il ne l'est, il discrédite en outre le mouvement écologiste dans sa globalité, en véhiculant une image stéréotypée et peu attrayante.

ASTUCE N°3

Mettre en avant une plus-value environnementale mineure du produit.
Il y a généralement une lourde insistance sur cette plus-value pour laisser croire qu'elle est une solution miracle. Dans une publicité pour la lessive Le Chat EcoEfficacité, la marque promeut des avantages écologiques réels (efficacité à basse température, emballage avec plastique recyclé) mais à y regarder de plus près, la composition globale des produits est loin d'être verte : présence de plusieurs substances allergènes parfumantes et surtout présence d'huile de palme. On constate aussi qu'aucun écolabel ne vient certifier ce produit.

ALLER PLUS LOIN, DEVENIR UN TOURISTE RESPONSABLE

Thème de plus en plus à la mode puisque nous prenons désormais conscience que **même nos vacances peuvent être sources de dégradation de l'environnement :** émission de CO2 pendant le transport, sites menacés par le tourisme de masse, maltraitances animales... Mais il existe aussi **des enjeux sociétaux importants** : exploitation et/ou exclusion des populations locales, appropriation des ressources et des terres, destruction de certains lieux de mémoire... Pourtant ceci n'est pas une fatalité. Quelques astuces pour devenir un touriste responsable !

© Pamjpat

JE SUIS ATTENTIF.VE À MA PROTECTION SOLAIRE

CONSEIL N°01

L'impact écologique des crèmes solaires est méconnu et pourtant bien réel. Une baignade de 20 minutes suffit à déverser dans l'eau 1/4 de la crème solaire étalée sur la peau. Or, la plupart de celles-ci sont pleines de composants néfastes pour notre santé et celle de la planète, engendrant notamment **une détérioration massive des récifs coralliens.** Deux solutions pour remédier à ce problème :

© Frank Mckenna

• Pour mes baignades, **je privilégie les horaires où l'exposition au soleil est la moins dangereuse** (en général, mieux vaut éviter d'aller dans l'eau entre 12h et 16h) Pour mes baignades, je privilégie les horaires où l'exposition au soleil est la moins dangereuse (en général, mieux vaut éviter d'aller dans l'eau entre 12h et 16h), je peux donc me baigner avec peu ou pas de crème tout en évitant les coups de soleil. Sinon, je porte tout simplement un tee-shirt.

• **J'achète des crèmes solaires bio et sans nanoparticules** : elles sont aussi performantes et excluent tous les composés indésirables. Au niveau des labels, on vous renvoie aux labels cosmétiques pages 72 et 73.

CONSEIL N°02

JE LIMITE MON IMPACT PENDANT MES LOISIRS

VACANCIERS

J'évite de pratiquer des activités motorisées qui ne se contentent pas d'être bruyantes (jet-ski, 4x4, quad...) mais qui en outre polluent et consomment du pétrole. **En randonnée**, pour ne pas perturber les équilibres naturels, je ne nourris en aucun cas les animaux sauvages, je ne laisse aucun déchet même biodégradable (épluchure, trognon, gras de jambon, pain...) et je reste sur les chemins de randonnée. Si je pratique **la plongée**, je choisis un centre agréé, je ne touche à rien et je fais attention avec mes palmes. Si **je loue un bateau**, je jette l'ancre dans une zone sableuse plutôt qu'à proximité des récifs coralliens.

CONSEIL N°03

JE NE RAMÈNE PAS N'IMPORTE QUEL SOUVENIR DE MON VOYAGE

Comme avant tout achat, je pense utile, minimalisme et local. J'évite d'acheter des plantes, animaux ou objets dérivés pouvant contribuer à la disparition de certaines espèces sauvages. Je ne prélève aucune espèce animale, végétale ou souvenir sur les sites archéologiques visités.

© Leslie Lemoine

CONSEIL N°04

MÊME À L'ÉTRANGER, JE CONSERVE MES BONS RÉFLEXES D' ÉCO-CITOYEN.NE.S

• Dans **ma valise**, je prends : tote-bag, mouchoirs en tissu, couverts réutilisables, serviettes, bee-wrap, thermos, cotons démaquillant lavables, cosmétiques solides, sacs poubelle, cendrier de poche et oriculi (nettoyeur d'oreille écologique).

• Je refuse les échantillons gratuits, objets promotionnels, sacs plastiques et prospectus. À l'hôtel, je peux aussi demander à ce qu'on ne lave pas mes serviettes et mes draps tous les jours.

• Dans les marchés locaux, j'achète en vrac.

Je ne gaspille pas l'énergie : dans mon logement, j'éteins lumière et climatisation lors de mes absences. De manière générale, je continue de pratiquer les écogestes que j'ai adopté à mon domicile. **Je fais attention à ma production de déchets.**

JE CHOISIS AVEC SOIN LES LIEUX OÙ JE VOYAGE

CONSEIL N°05

A privilégier :

• Pour les visites, les lieux régulés à un certain nombre de personnes par jour et qui sensibilisent sur la conduite à tenir.

• Si je veux observer des animaux dans des espaces sauvages, je m'oriente vers le tourisme de vision, des sanctuaires ou des réserves.

À éviter, pour des raisons d'éthique humaine, animale et environnementale : zoos, parcs aquatiques, grandes chaines d'hôtels et grands centres de vacances.

© Christophe Le Page

SITES POUR SE LOGER

Fairbooking.com
Biohotels.info (en anglais)
Gite-de-France.fr
Couchsurfing.com

LE TRUC EN PLUS :

Je fais attention à ce que je donne.
Les dons de vêtements, bonbons et médicaments, même s'ils partent d'une bonne intention, peuvent déstabiliser l'économie locale, alimenter le marché noir et diffuser insidieusement le mode de vie occidental. Si je souhaite faire des dons, je me renseigne au préalable sur les besoins réels de la population.

CONSEIL N°06

J'UTILISE DES TRANSPORTS PROPRES

J'évite le bateau et l'avion

(voir chapitre sur consommation d'énergie) qui consomment beaucoup de carburants et ont des émissions énormes en termes de CO_2. Certes, ce sont des moyens de transports parfois nécessaires, surtout quand on voyage loin. On vous recommande donc de les utiliser avec parcimonie. Un moyen simple est de commencer par des vacances près de chez soi afin de (re) découvrir les beautés nationales (Bretagne, Puy-de-Dôme, Provence, les Alpes, la liste est longue et variée) et de nos pays voisins.

Je prends le train pour voyager en France

En Europe, je peux profiter du superbe réseau Interrail (voir interrail.fr).

J'expérimente le cyclotourisme

Coup de bol, la France est la première destination mondiale de tourisme à vélo. Vous trouverez un grand nombre de parcours sur les sites suivants :

www.lavelodyssee.com

1200 km à vélo le long de l'Atlantique

www.loireavelo.fr

Pour des voyages à vélo participatif, vous pouvez vous renseigner auprès de l'association Janus

Janusfrance-asso.org

Canalmidi.com

Veloscenie.com

Itinéraire cyclable de Paris au Mont Saint-Michel

JE ME RÉFÈRE AUX LABELS

CONSEIL N°07

Qui dit écologie dit label.

Et une fois de plus, ils sont nombreux. Petit tour d'horizon des labels fiables en la matière.

ECOLABEL EUROPÉEN

Pour pouvoir en bénéficier, le site d'hébergement doit notamment informer son personnel et la clientèle sur la protection de l'environnement, réduire sa consommation d'énergie et promouvoir des transports écologiques.

LA CLEF VERTE

Critères très proches de l'Ecolabel Européen mais on le retrouve aussi en Afrique du Nord.

GREEN GLOBE

Certification mondiale concernant tous les acteurs touristiques (hébergements, restauration, sites touristiques...). 4 séries de critères pour obtenir le label : management responsable, héritage culturel, environnement, économique/social.

AGIR POUR UN TOURISME RESPONSABLE

Label français certifiant les tours opérateurs et voyagistes qui soutiennent le développement local, favorisent les populations autochtones, sensibilisent les voyageur.se.s au tourisme responsable et prennent des mesures environnementales.

Écolabel Européen

La Clef Verte

Green Globe

Agir pour un Tourisme Resposable

GÎTE PANDA ET ECOGÎTE

Concernent les gites et chambres d'hôtes françaises. Le label Gîte Panda est principalement axé sur la protection de l'environnement et la découverte responsable de la faune et de la flore. Ecogîte valorise principalement la démarche de construction durable et d'aménagement de bâtiment.

Écogîte

Gîte Panda

EN SAVOIR PLUS SUR LE TOURISME DE MASSE

OUVRAGES

Les dilemmes du tourisme, Isabel Babou et Philippe Callot, Vuibert, 2007.

Du voyage rêvé au tourisme de masse, Thomas Daum et Eudes Girard, CNRS Editions, 2018.

Le voyage contre le tourisme, Thierry Paquot, Eterotopia France, 2014.

« Maltraitance animale : les dix attractions touristiques les plus cruelles », Constance Maria, 21/03/2016, Le Monde.fr

« Un paquebot de croisière émet autant de particules fines qu'un million de voitures », 17/08/2016, Mr. Mondialisation

REVUE

« Toutes les manières de rater un don humanitaire », Sandrine Chastang, Revue de Mauss, 2008/1 (n°31), p. 318 à 347.

VIDÉOS

« Venise, Barcelone, Dubrovnik : les ravages du tourisme de masse », par Antje Christ, 2016

ALLER PLUS LOIN, SE DIRIGER VERS UNE ÉPARGNE VERTE ET ÉTHIQUE

© Franck V

L'argent que l'on dépose dans nos banques conventionnelles sert bien souvent, à notre insu, à financer des projets ayant des impacts environnementaux et sociaux désastreux, notamment dans le secteur des énergies fossiles[6]. Il existe néanmoins des alternatives quand on souhaite éviter de participer, via son épargne, au réchauffement climatique.

[6] A consulter sur ce point, le rapport de l'association Les Amis de la Terre publié en novembre 2016 et disponible sur Internet : Climat : malgré leurs promesses, les banques vont toujours au charbon.

NOUVELLE ECONOMIE FRATERNELLE

(communément Nef) : coopérative de finances solidaires finançant uniquement des projets écologiques et d'économie sociale et solidaire. Contrairement aux grandes banques traditionnelles, la NEF promeut la transparence à tous ses sociétaires sur l'ensemble des prêts débloqués et leur permet même d'indiquer les types de projet qu'ils souhaitent voir soutenus à l'avenir.

CRÉDIT COOPÉRATIF

Banque coopérative française qui propose aussi l'ensemble des services bancaires classiques. Elle finance uniquement le secteur de l'économie sociale et solidaire, donc uniquement des organisations privées (entreprises, coopératives, associations...) qui cherchent à concilier activité économique et équité sociale.

On vous recommande aussi de visiter le site www.epargneclimat.fr, qui vous permet de calculer L'empreinte carbone de votre argent et de votre banque. Il présente également un classement des banques les plus émettrices de CO2. Cela vous permet de voir les groupes à privilégier et ceux à éviter.

ALLER PLUS LOIN, QUELS MÉDIAS CONSULTER POUR S'INFORMER ?

Choisir le média que l'on va consulter pour s'informer n'est pas un choix à prendre à la légère. Il faut savoir qu'en France, moins de 20 personnes détiennent la quasi-totalité des médias, agences de publicité et instituts de sondage. Voici quelques conseils de journaux, magazines et sites alliant indépendance, qualité et fiabilité de l'information. Quoiqu'il en soit, n'oubliez pas de consulter plusieurs journaux afin d'être certain.e des articles que vous lisez et n'hésitez pas à vous renseigner sur leurs sources, surtout quand le contenu vous surprend.

© Julius Drost

FORMAT PAPIER

ECOLOGIE & POLITIQUE

Revue publiée semestriellement, elle attache la plus grande importance au questionnement de l'universalité du progrès et du savoir scientifique, ainsi qu'à la réflexion historique et anthropologique. Elle défend sans compromission les valeurs liées à la pluralité des visions du monde et des modes de vie, contre toute autorité, qu'elle soit étatique, partidaire, ecclésiale ou technocratique.[8]

LE MONDE DIPLOMATIQUE

Journal mensuel d'information, il revendique la conjugaison d'une large ouverture sur les questions internationales avec une vision critique de ce qui demeure le plus souvent dans l'angle mort de la presse : l'idéologie et le fonctionnement global du capitalisme, les conséquences écologiques et sociales du libre-échange, les dangers du "choc des civilisations", l'arrière-plan des alliances militaires, les utopies nécessaires, les perspectives des nouvelles formes de démocratie à l'ère des grands basculements géopolitiques.[7]

L'ECOLOGISTE

Édition française du journal britannique The Ecologist. C'est un magazine trimestriel qui reprend les grands thèmes du mouvement écologiste et fait intervenir une grande variété d'auteur.e.s.

[7] https://www.cairn.info/revue-ecologie-et-politique.htm?contenu=apropos. Vous trouverez d'ailleurs tous les numéros en ligne de cette revue sur ce site.
[8] https://www.monde-diplomatique.fr/diplo/apropos

FORMAT NUMÉRIQUE

MEDIAPART

Journal d'information numérique, indépendant et participatif. Il fait contribuer sur tous les sujets d'actualité des journalistes de profession et les abonné.e.s. Seul journal de cette liste qui n'est pas en accès libre mais qui nécessite un abonnement payant.

REPORTERRE

Journal indépendant et sans publicité, en accès libre sur le web. Véritable site d'information sur l'écologie qui prend aussi en compte la dimension politique de la crise environnementale. On y trouve donc tout autant des articles ayant pour sujet les questions de pollution ou de destruction de la nature que des articles traitant des monnaies locales ou du trafic d'armes.

BASTA !

Journal indépendant en ligne et édité par l'association Alter-Média. Y sont publiés quotidiennement des enquêtes et reportages sur des questions sociales, environnementales et économiques.

MR MONDIALISATION

Site d'information sur les enjeux sociaux, culturels et environnementaux qui propose aussi un certain nombre d'articles sur les alternatives existantes au modèle de développement actuel.

THINKERVIEW

Chaine YouTube qui a pour objectif de traiter les grands enjeux contemporains en donnant voix au chapitre à des points de vue/ intervenant.e.s peu médiatisé.e.s.

IMAGOTV

Site internet recensant et rendant accessible le plus grand nombre possible d'émissions, documentaires, podcasts et court-métrages sur le thème de la transition écologique et sociale.

OBSERVATOIRE DES MULTINATIONALES

Site géré également par l'association Alter-Média qui regroupe et publie des informations en libre accès concernant l'impact des activités et des stratégies des grandes entreprises, que ces impacts soient positifs ou négatifs.

ALTERNATIVES ECONOMIQUES

Journal web (existe aussi sous format papier comme mensuel) qui vit principalement de ses ventes et appartient à ses salarié.e.s. S'intéresse à l'économie à travers un grand nombre de thématiques : Europe, environnement, éducation, etc.

EN SAVOIR PLUS AU SUJET DES MÉDIAS DE MASSE

OUVRAGES

Sur la télévision, Pierre Bourdieu, Raisons d'agir, 1996

Fabriquer un consentement : la gestion politique des médias de masse, Noam Chomsky et Edward Herman, Investig Action, 2019

Le monde libre, une plongée sans précédent dans la servitude des médias, Aude Lancelin, J'ai Lu, 2017

VIDÉOS

Les nouveaux chiens de garde, Gilles Balbastre, Yannick Kergoat

Nombreux entretiens sur le sujet sur la chaîne *Thinkerview* disponible sur YouTube

ARTICLES

Position de la France d'après Reporters Sans Frontière
https://rsf.org/fr/france

Site d' Action Critique Médias, observatoire et critique des médias sur acrimed.org

ANNEXE ET CONTACT

ANNEXE N°1
EN SAVOIR PLUS SUR LES GRANDS GROUPES

THE COCA-COLA COMPANY

La société Coca-Cola, officiellement nommée The Coca-Cola Company, est une entreprise américaine spécialisée dans les boissons non alcoolisées. Il s'agit de l'une des plus importantes sociétés américaines dont la notoriété et la popularité est mondiale. Elle est, en 2012, la 3ème entreprise agroalimentaire du monde, en termes de chiffre d'affaires. Elle est surtout connue pour son produit phare, le Coca-Cola. Depuis la fin de la Seconde Guerre mondiale, cette boisson originale est, dans l'imaginaire collectif, un symbole de l'américanisme. Les produits de cette firme favorisent l'obésité partout dans le monde et les substances utilisées sont souvent controversées comme l'aspartame ou le bisphénole A. Elle s'approprie également des ressources d'eau notamment en Amérique du Sud* Consulter l'article d'Alain SOUSA. "Au Mexique, la population manque d'eau potable mais Coca Cola prospère", Reporterre, 2015.

© Caitlyn Hastings

NESTLÉ

Nestlé est une multinationale suisse et l'un des principaux acteurs de l'agroalimentaire dans le monde. Elle est même la première entreprise agroalimentaire et la plus grande entreprise laitière du monde depuis 2015. Elle produit et commercialise un large éventail de produits et de boissons pour l'alimentation humaine et pour l'alimentation animale.
Elle est mise en cause aussi bien pour l'utilisation d'OGM, de l'huile de palme, l'utilisation d'aluminium pour ses capsules de café, avoir recourt au travail d'enfants ou encore son appropriation de sources d'eau potable de par le monde.

* Consulter l'article d'Alain SOUSA. "Au Mexique, la population manque d'eau potable mais Coca Cola prospère", Reporterre, 2015.

© Erfan Amiri

UNILEVER

Unilever est une multinationale anglo-néerlandaise. La société est présente dans plus de cent pays, par son volume des ventes, il s'agit du quatrième acteur mondial sur le marché de l'agroalimentaire, et du premier producteur de glaces et de thé au monde. Unilever est notamment la firme qui porte la plus grande part de responsabilité dans la déforestation indonésienne à cause de son recours massif à l'huile de palme. Elle utilise du phosphate dans ses lessives et pratique allégrement les tests sur les animaux. En outre, son thé est issu d'exploitations agricoles dans lesquelles les conditions de travail sont particulièrement odieuses du fait de la pression exercée par la firme.

© Martin Péchy

PEPSICO

PepsiCo est une multinationale américaine spécialisée dans le secteur agroalimentaire. Elle est particulièrement connue pour ses boissons, dont le Pepsi-Cola, et ses produits snacks. L'un de ses éternels concurrents est la société Coca-Cola. En 2012, elle est la deuxième entreprise agroalimentaire du monde et la première entreprise agroalimentaire d'Amérique du Nord par son chiffre d'affaires. Ses torts sont sensiblement les mêmes que ceux de Coca-Cola Company. Elle possède également des entreprises telles que KFC qui est accusé par les associations animalistes d'avoir des conditions d'élevage désastreuses.

ANNEXE N°2
QUELS POISSONS PRIVILÉGIER ?

Voici un tableau récapitulant les poissons à privilégier, en fonction de la zone et de la méthode de pêche . Toutes espèces et/ou zones et méthodes absentes de ce tableau sont par conséquent à éviter. (Ce tableau ne prend pas en compte la pollution des océans, le déclin des populations de poissons et l'éthique animale.)

POISSON	MÉTHODE DE PÊCHE
• Anchois	Chalut pélagique à panneaux, senne
• Chinchard	Ligne
• Encornet (Dosidicus Gigas)	Turlutte
• Encornet (Loligo Gahi)	Turlutte
• Huître creuse	Aquaculture
• Lieu noir	Senne
• Lieu noir	Filet maillant de fond et palangre de fo
• Maquereau	Ligne
• Merlan bleu	Chalut pélagique et senne
• Moule	Aquaculture en surélévation
• Moule	A la main
• Moule	Aquaculture
• Palourde	A la main
• Palourde	Aquaculture
• Plie	Filet maillant de fond, senne danoise
• Poulpe	Ligne
• Sardine	Senne
• Saumon d'Alaska	Filet maillant, ligne de traîne, senne
• Seiche[4]	Ligne
• Seiche (sepia officinalis)	Ligne, casier, pot
• Thon albacore	Ligne
• Thon blanc ou thon germon	Ligne de traîne
• Thon listao	Canne et ligne
• Thon obèse	Canne et ligne
• Truite Arc-en-Ciel	Aquaculture (circuit ouvert)

[4] Sepia officinalis, éviter la sepia pharaonis

Ce tableau a été réalisé à partir des données recensées sur le site : www.consoguidepoisson.fr/wwf-recommendations

(consulté le 18/04/2019)

ZONE DE PÊCHE

Atlantique Nord Est (Zone FAO 27), Golf de Gascogne
Atlantique Nord Est (FAO 27), eaux portugaises et Açores
Océan Pacifique Centre Est (FAO 77), Pacifique Sud Est (FAO 87), Pérou et Chili
Océan Atlantique Sud Ouest (FAO 41), Pacifique Sud Est (FAO 87)
Europe
Océan Atlantique Nord Est (FAO 27), Mer de Barents et Mer de Norvège
Islande
Atlantique Nord Est (FAO 27)
Atlantique Nord Est (FAO 27)
Atlantique Nord Est (FAO 27) : Danemark, Pays-Bas, Royaume-Uni, Suède, France
Atlantique Nord Est (FAO 27) : Skagerrak, Kattegat, Mer du Nord
Chili
Atlantique Nord Est (FAO 27)
Europe et Afrique du Nord
Atlantique Nord Est (FAO 27) : Mer du Nord, Skagerrak/Kattegat
Océan Atlantique Centre Est (FAO 34)
Méditerrannée (FAO 37) : Sud de la Sicile
Océan Pacifique Nord Est (FAO 67) : Alaska
Atlantique Nord Est (FAO 27)
Atlantique Centre Est (FAO 34)
Océan Pacifique Ouest et Central (FAO 61, 71, 77, 81)
Océan Pacifique (FAO 61, 67, 71, 77, 81, 87)
Océan Pacifique Ouest (FAO 61, 67, 71, 77, 81, 87), Océan Indien (FAO 51, 57)
Océan Indien (FAO 51, 57)
Pologne, Danemark, Finlande

ANNEXE N°3

© Healthy student

ANNEXE N°4
LES SUBSTANCES A ÉVITER

Les substances à risques sont encore plus préoccupantes dans les produits non rincés. Elles sont à éviter scrupuleusement pour les enfants de moins de trois ans. De même, les perturbateurs endocriniens sont à bannir chez les femmes enceintes, et les enfants (peut déclencher une puberté précoce).

PRODUITS À BANNIR

- Ammonium Lauryl Sulfate : irritant
- Benzophenone-1, Benzophenone-3 : perturbateurs endocriniens, allergènes
- BHA : perturbateur endocrinien
- BHT : perturbateur endocrinien
- Butylparaben, Potassium Butylparaben ou Sodium
- Butylparaben : perturbateurs endocriniens
- Cyclopentasiloxane, Cyclomethicone : perturbateur endocrinien
- Ethylhexyl Methoxycinnamate : perturbateur endocrinien
- Methylchloroisothiazolinone, Methylisothiazolinone : allergènes
- Phenoxyethanol : toxique pour le foie mais ne semble pas présenter de danger pour les adultes
- P-phenylenediamine (et substances dont le nom contient 'P-phenylenediamine') : allergènes
- Propylparaben, potassium propylparaben ou sodium propylparaben : perturbateur endocrinien
- Sodium Lauryl Sulfate : irritant. Le sodium laureth est moins irritant.
- Triclosan : perturbateur endocrinien

Tout au long de ce guide vous avez pu découvrir les bons gestes et les bonnes habitudes de consommation. Partagez-les avec vos proches, vos voisin.e.s, vos collègues ! Le défi du changement climatique est difficile à relever mais passionnant : il peut être perçu comme une occasion d'inventer une société plus juste pour l'ensemble du vivant. Ce défi pose des problèmes sociétaux que nous devons relever, une transformation culturelle que nous devons opérer tou.te.s ensemble, pour un monde meilleur.

L'individu demeure le levier essentiel du changement social. Si les solutions individuelles exposées dans ce guide ne suffisent pas, elles restent absolument indispensables pour faire face aux enjeux écologiques. Néanmoins, la charge morale ne doit pas simplement reposer sur les individus mais sur une union collective rassemblant le plus largement possible et à même de se confronter au défi de la transition écologique.

En adhérant aux valeurs de ce monde et à une consommation plus sobre, vous êtes acteur.trice de changement et projetez une image réaliste d'un monde différent. Comme le soulignait Stéphane Hessel, le changement climatique est le nouveau combat du siècle par son ampleur, par ses conséquences possibles, nous nous devons donc de résister et de nous indigner.

Engagez-vous ! En politique, dans l'associatif, soyez acteur.trice du changement et ambassadeur.drice de ce monde nouveau !

Merci d'avoir soutenu CIE en achetant ce guide ! Conscience et Impact Ecologique, c'est aussi :

100 BÉNÉVOLES

lycéen.nes, étudiant.e.s, actif.ve.s.

2500 ANIMATIONS

auprès de tous les types de publics chaque année.

8 DISPOSITIFS

d'éducation à l'environnement : restaurateur.trice.s, festivités, entreprises, écoles primaires, collèges/lycées, établissements de l'enseignement du supérieur, structures sociales particulier.e.s

ENTRE 1 ET 6 ACTIONS

chaque jour !

SITE

association-cie.fr

PAGE FACEBOOK

Association Conscience et Impact Ecologique